Éléonore Antoniadès
Natalie Belzile
Hélène Richer

APPRENDRE à bien écrire

3e édition

- ANALYSE DE TEXTES
- STRATÉGIES DE RÉVISION
- MÉTHODE D'AUTOCORRECTION

LES ÉDITIONS
CEC

9001, boul. Louis-H.-La Fontaine, Anjou (Québec) Canada H1J 2C5
Téléphone : 514-351-6010 • Télécopieur : 514-351-3534

Direction de l'édition
Katie Moquin

Direction de la production
Danielle Latendresse

Direction de la coordination
Rodolphe Courcy

Charge de projet
Révision linguistique
Sophie Lamontre

Correction d'épreuves
Marie Théorêt

Conception et réalisation graphique
Les Studios Artifisme

Consultation pédagogique

Monique Boucher, Collège Ahuntsic
Marie-Josée Dion, Cégep de Saint-Laurent
Anne-Marie Giroux, Collège de Bois-de-Boulogne
Monik Richard, Collège de Rosemont
Nicolas Simard, Collège Lionel-Groulx

Consultation scientifique

Annie Desnoyers, linguiste-conseil

Remerciements des auteures

En travaillant à la 3e édition d'*Apprendre à bien écrire*, nous avons pensé à notre collègue et amie, Hélène Richer, qui nous a quittés subitement le 1er février 2007. Elle a collaboré avec nous aux deux premières éditions du manuel. Son amour de la langue française et son sourire resteront ancrés dans nos cœurs.

Crédits iconographiques

page 2 : Jean-Baptiste Siméon Chardin, *Perdrix rouge morte, poire et collet sur une table de pierre*, 1748, © akg-images, **page 6 :** © Vitaly Volkov 2006, CC-BY, **page 12 :** *Paysans cultivant les vignes*, © Alfredo Dagli Orti / The Art Archive / Corbis, **pages 20 et 92 :** © Annette et Basil Zarov, coll. François Ricard / Gabrielle Roy en 1945, année de publication de *Bonheur d'occasion*, Fonds Gabrielle-Roy, Bibliothèque et Archives Canada / NL 22064, **page 27 :** © Michel Tremblay, © Tony Hauser, **page 33 :** Daniel Pennac, © Roberto Serra - Iguana Press / Getty Images 98179671, **page 52 :** Chrystine Brouillet, © Marcel La Haye, **page 56 :** Julien Green, © Jean-Régis Roustan / Roger-Viollet / The Image Works ERVL2507416, **page 61 :** Marie-Claire Blais, © Jill Glessing, **page 65 :** © Judith Bauer Stamper, **page 70 :** Charles Perrault, © RogerViollet / Getty Images 55757990, **page 77 :** Anne Hébert, © Imapress / Ponopresse, **page 99 :** Simone de Beauvoir, © Jean Pimentel / Kipa / Corbis 42-19894137, **page 104 :** Paul Auster, © Rex Features / Ponopresse, **page 109 :** Louis Hémon, © BAnQ, **page 113 :** Honoré Beaugrand, © BAnQ.

Les Éditions CEC inc. remercient le gouvernement du Québec de l'aide financière accordée à l'édition de cet ouvrage par l'entremise du Programme de crédit d'impôt pour l'édition de livres, administré par la SODEC.

Apprendre à bien écrire

© 2012, Les Éditions CEC inc.
9001, boul. Louis-H.-La Fontaine
Anjou (Québec) H1J 2C5

Dépôt légal : 2012
Bibliothèque et Archives nationales du Québec
Bibliothèque et Archives Canada

ISBN 978-2-7617-3725-8 (3e édition, 2012)
ISBN 978-2-7617-1425-9 (1re édition, 1997)

Imprimé au Canada
2   3   4   5   6   18   17   16   15   14

Table des matières

PARTIE 1

PARTIE 2

Objectifs des modules 3 et 4
Rédiger un paragraphe structuré
Théorie

Développer une méthode de révision linguistique
Théorie

Bilan des apprentissages des modules 3 et 4

PARTIE 3

Objectifs des modules 5 et 6
Rédiger une introduction et une conclusion
Théorie

Rédiger un texte de 500 mots
Théorie

Bilan des apprentissages des modules 5 et 6

PARTIE 4

::: INTRODUCTION

À leur entrée au cégep, un certain nombre d'élèves éprouvent encore des difficultés importantes en écriture.

Cette 3e édition est conçue pour que l'élève se familiarise avec une méthode et des outils indispensables au travail intellectuel. Cette méthode favorisera la réussite dans les cours de français et tout autre cours où l'on doit exprimer clairement sa pensée. Rédiger est avant tout un savoir-faire qui fait appel à des stratégies cognitives et métacognitives. C'est pour cette raison que le manuel propose diverses procédures et grilles d'évaluation qui guideront l'élève dans sa démarche de rédaction.

L'ouvrage se divise en deux grands volets. Le premier, constitué de textes littéraires, enjoint l'élève à développer progressivement une méthode de travail pour répondre de manière structurée à une question de compréhension jusqu'à rédiger un texte cohérent de 500 mots. Le deuxième est un mémento grammatical où les principales notions sont répertoriées et sont accompagnées de quelques exercices pratiques.

Le volet des textes est divisé en trois parties dont les objectifs sont progressifs	
PARTIE 1	• Répondre à une question de compréhension • Résumer un texte • Appliquer une méthode de révision linguistique
PARTIE 2	• Rédiger un paragraphe structuré • Développer une méthode de révision linguistique
PARTIE 3	• Rédiger une introduction et une conclusion • Rédiger un texte de 500 mots • Réviser et autocorriger le texte

Chaque partie comprend deux modules qui regroupent des textes ayant une même thématique. Elle propose des objectifs d'apprentissage qui sont répartis dans une séquence logique qui mène l'élève à rédiger un texte cohérent et structuré.

En conformité avec la compétence *Réviser et autocorriger le texte* du devis ministériel, l'élève pourra porter un regard critique sur ses rédactions en les évaluant lui-même. Parallèlement, une méthode de révision et d'autocorrection linguistique lui sera proposée, mais il reviendra à l'élève de s'approprier des stratégies personnelles et de se pencher sur les notions qui lui posent problème.

Le texte

Les textes proposés, tant d'auteurs québécois qu'étrangers, touchent divers genres littéraires et présentent des sujets amusants ou dramatiques.

Chaque texte est précédé d'une biographie succincte de l'auteur ; elle vise à familiariser l'élève au premier cours de la séquence en français au collégial.

L'exploitation du texte

L'exploitation du texte met l'accent sur la compréhension du texte, l'application de la méthode (selon l'objectif de la partie) et la rédaction.

◗ Mieux comprendre le texte

Chaque texte est suivi de questions de compréhension : certaines permettront à l'élève d'enrichir son vocabulaire en cherchant le sens contextuel des mots ou des expressions ; d'autres, plus élaborées, visent la recherche de preuves dans le texte auxquelles l'élève devra rattacher sa propre explication et établir des liens. Plusieurs de ces questions préparent l'élève à élaborer des réponses structurées dans la rubrique « Vers la rédaction ».

➡ Vers la rédaction

Cette rubrique propose une démarche selon les objectifs énoncés au début de chaque partie. L'élève mettra en application la théorie qui lui est présentée. Ainsi, il s'appropriera une procédure qui l'accompagnera dans sa tâche de rédaction et comprendra comment celle-ci s'effectue, étape par étape.

Cette rubrique, sans doute la plus exigeante, permet à l'élève de travailler en profondeur la compréhension du texte et la rédaction de manière cohérente et structurée afin d'arriver progressivement à rédiger ce qui est exigé.

⭘ La rédaction

Cette rubrique place l'élève en situation d'écriture. Après avoir travaillé son texte et avoir mis en application la procédure proposée, l'élève devrait être en mesure de réaliser la tâche demandée.

↳ Retour sur la rédaction

Un **retour sur la rédaction** est prévu pour que l'élève porte en premier un regard critique sur son travail. Il devra identifier certains éléments dans sa rédaction ou procéder à une autoévaluation de son texte (contenu et structure) ou à une autoévaluation linguistique. En somme, l'élève évaluera sa compétence en écriture à l'aide d'outils pertinents.

Théorie

La théorie en lien avec les objectifs de rédaction est présentée à la fin de chaque partie. L'élève pourra se référer à cette rubrique peu importe le texte sur lequel il doit travailler. Celle-ci présente systématiquement des constituants de la rédaction, une procédure, des trucs, une démonstration à partir de textes à l'étude et une grille d'autoévaluation.

Bilan des apprentissages

À la fin de chaque partie, l'élève peut dresser un bilan de ses apprentissages. Le premier bilan porte principalement sur la tâche d'écriture visée par le ou les objectifs. Le second touche la langue et permet à l'élève de s'approprier une méthode de révision linguistique personnelle. Ces bilans visent à s'assurer que l'élève a bien assimilé les notions avant de passer à la partie suivante où des notions plus complexes viendront s'ajouter.

Grammaire

Un mémento grammatical est offert à la fin du manuel. Les principales notions et règles sont présentées afin que l'élève puisse s'y référer au besoin. Quelques exercices peuvent être effectués, mais c'est l'application dans le texte, soit la révision linguistique des rédactions, qui doit être considérée comme l'objectif ultime.

Style

Pour enrichir l'expression écrite, quelques exercices de style viennent soutenir l'élève dans l'utilisation d'un vocabulaire précis et varié qui l'aidera à éviter les répétitions, les mots passe-partout et les impropriétés qui nuisent à la rédaction.

⠿ ORGANISATEURS TEXTUELS

Dans toute rédaction, il faut absolument utiliser des **organisateurs textuels** qui mettent en évidence la structure d'un texte, c'est-à-dire les grandes articulations de sa composition, et assurent ainsi la transition entre les différentes parties et la progression des idées.

Les **marqueurs de relation**, eux, assurent le lien entre les groupes de mots et les phrases syntaxiques en indiquant le rapport de sens qui les unit ; ce sont les coordonnants et les subordonnants qui relèvent de la grammaire de la phrase.

Certains termes peuvent servir d'organisateurs textuels ou de marqueurs de relation selon le rôle qu'ils jouent.

Voici quelques organisateurs textuels à utiliser dans la construction de la réponse à une question de compréhension ou à la rédaction du paragraphe.

- **Pour commencer :** *à priori, avant tout, d'abord, d'une part, pour commencer, tout d'abord,* etc.

- **Pour poursuivre :** *dans le même ordre d'idées, d'autre part, de plus, en outre, ensuite, par ailleurs,* etc.

- **Pour terminer :** *bref, en conclusion, en définitive, enfin, en fin de compte, en somme, finalement, pour conclure, somme toute,* etc.

- **Pour reformuler ou expliquer :** *autrement dit, c'est-à-dire, d'ailleurs, en effet, en fait, en d'autres termes,* etc.

- **Pour illustrer :** *ainsi, entre autres, notamment, par exemple,* etc.

p. 151-152

Voici quelques marqueurs de relation qui introduisent les valeurs suivantes.

- **Addition :** *ainsi que, aussi, d'ailleurs, de plus, de surcroît, et, ensuite, puis, voire,* etc.

- **But :** *afin de, afin que, de peur de, en vue de, pour que,* etc.

- **Cause :** *car, comme, en effet, en raison de, parce que, puisque,* etc.

- **Comparaison :** *comme, de même que, similairement, tel que,* etc.

- **Condition :** *à la condition de, du moment que, pour autant que, pourvu que, si,* etc.

- **Conséquence :** *ainsi, à tel point que, c'est pourquoi, donc, par conséquent,* etc.

- **Explication :** *à savoir, c'est-à-dire, c'est pourquoi,* etc.

- **Opposition :** *à l'opposé, au contraire, cependant, mais, par contre, toutefois,* etc.

- **Restriction :** *à l'exception de, bien que, en dépit de, néanmoins, pourtant, quant à,* etc.

PARTIE 1 ⋮

MODULE 1
UNE DRÔLE DE LEÇON

MODULE 2
DES PAGES MARQUANTES

Objectifs des modules 1 et 2

Répondre à une question de compréhension
Théorie

Résumer un texte
Théorie

Appliquer une méthode de révision linguistique
Théorie

Bilan des apprentissages des modules 1 et 2

MODULE 1
UNE DRÔLE DE LEÇON

Le dit des
PERDRIX

THÈME DU PASSAGE UNE FEMME IMPATIENTE

ANONYME

Le Moyen Âge, surtout connu pour son esprit féodal, a produit une abondante littérature chevaleresque et héroïque, dont *La chanson de Roland* et *La légende du roi Arthur*. Cependant, par réaction, et presque comme une revanche, il se développe une littérature satirique et bourgeoise dominée par les fabliaux et *Le roman de Renart*.

Les fabliaux, propres à la littérature du XIIe au XIVe siècle, sont des «contes à rire», en vers de huit syllabes écrits en vieux français. Avec pour héros des gens ordinaires – bourgeois, vilains, prêtres et femmes –, ils cherchent surtout à amuser grâce à une observation malicieuse et un comique assez gros. *Le dit[1] des perdrix* en reste le plus bel exemple.

Un vilain prit deux perdrix au bas de sa haie, et mit tous ses soins à les faire préparer. Sa femme sut fort bien les arranger. Elle fit du feu, tourna la broche. Lui, cependant, s'en fut inviter le curé.

Mais il tardait à revenir, et les perdrix se trouvèrent prêtes. La dame les tira de la
5 broche. Un peu de peau cuite y resta, et la dame, qui était fort friande, s'en régala…

Alors, elle attaqua l'une des perdrix: elle en mangea les deux ailes. Puis elle alla voir dans la rue si son mari ne rentrait pas; et, comme elle ne vit rien venir, elle s'en retourna chez elle, où elle ne fut pas longue à dévorer le reste de la perdrix.

Elle se mit alors à réfléchir: elle devrait bien manger la seconde. Si on lui demandait
10 plus tard ce que les perdrix étaient devenues, elle saurait très bien se tirer d'affaire: «Les deux chats sont venus, dirait-elle, ils me les ont arrachées des mains, et ont emporté chacun la sienne.»

Elle retourne encore dans la rue, pour voir si son mari ne revient pas. Personne. Sa langue, alors, se met à frémir de convoitise: la dame sent qu'elle va devenir enragée, si elle
15 ne mange un tout petit morceau de la seconde perdrix. Elle enlève le cou, le cou exquis, elle le savoure avec délices, il lui paraît si bon qu'elle s'en lèche les doigts:

«Hélas! dit-elle, que vais-je faire maintenant? Si je mange le tout, que dirai-je pour m'excuser? Mais comment laisser le reste? J'en ai par trop grande envie!... Tant pis, advienne que pourra, il me faut la manger toute!»

---

1. **Dit**: court récit moral.

20   Elle fit si bien qu'elle la mangea toute, en effet.

    Le vilain ne tarda guère à rentrer. À la porte du logis, il se mit à crier :

    «Dame ! Dame ! les perdrix sont-elles cuites ?

    — Hélas ! sire, tout est au plus mal, les chats les ont mangées !»

    Le vilain passe la porte en courant, et se jette sur sa femme, comme un enragé. Un
25 peu plus, il lui aurait arraché les yeux. Alors, elle se met à crier :

    «C'est pour rire ! C'est pour rire ! Allez-vous-en, démon ! Je les ai couvertes pour les
tenir chaudes.

    — Tant mieux, foi que je dois à saint Ladre[2] ! car vous n'auriez pas eu sujet de rire !
Allons, mon bon hanap de madre[3], ma plus belle et plus blanche nappe sous cette treille,
30 en ce pré, et nous prendrons notre repas dehors !

    — C'est bon ; mais vous, prenez votre couteau, et affilez-le, il en a grand besoin. Allez
donc l'aiguiser contre la pierre de la cour.»

    Le vilain quitta son habit, et se mit à courir, son couteau à la main. Le curé arrivait
alors, qui s'en venait pour le repas. Il entra dans la maison, et salua la dame. Mais elle,
35 pour toute réponse :

    «Fuyez, messire, fuyez ! Je ne veux pas vous voir maltraiter ! Mon mari est là dehors, qui
aiguise son grand couteau. Il dit qu'il vous tranchera les oreilles, s'il peut vous attraper !

    — Que me racontez-vous ? dit le curé, nous devons manger ensemble deux perdrix,
que votre mari a prises ce matin.

40   — Il vous l'a dit, par saint Martin, mais il n'y a ici perdrix ni oiseau dont vous puissiez
manger. Regardez-le donc là-bas, voyez comme il aiguise son couteau !

    — Oui, je le vois, répondit-il, et j'ai grand'peur que vous ne disiez vrai !»

    Et, sans demeurer davantage, il s'enfuit à grande allure.

    Alors, la femme se mit à crier :

45   «Sire Gombaud ! Sire Gombaud ! Venez vite !

    — Qu'as-tu donc ? dit celui-ci en accourant.

    — Ce que j'ai ? Vous le saurez assez tôt ! Mais si vous ne courez bien vite, vous en
aurez grand dommage ! Voilà le curé qui se sauve avec vos perdrix !»

    Le vilain, aussitôt, se mit à courir, et, le couteau en main, essaya de rattraper le curé
50 qui fuyait. En l'apercevant, il s'écria :

    «Vous ne les emporterez pas ainsi toutes chaudes ! Vous me les laisserez bien, allez, si
je vous rattrape ! Ce serait être mauvais compagnon que de les manger sans moi !»

    Le curé regarde derrière soi, et voit accourir le vilain. Et le voyant ainsi tout près,
couteau en main, il se croit mort, et se met à courir de plus belle, et l'autre de courir
55 toujours après lui, dans l'espoir de rattraper ses perdrix... Mais le curé avait de l'avance,
il gagne sa maison, et s'y renferme au plus vite.

    Le vilain s'en retourne au logis, et demande à sa femme :

    «Dis-moi, femme, comment tu as perdu les perdrix.

    — Le curé vint, dit-elle, et me demanda d'être assez bonne pour lui montrer les
60 perdrix. Il les regarderait, disait-il, très volontiers. Je le menai tout droit au lieu où je les
tenais couvertes pour les garder chaudes. Il eut vite fait d'ouvrir la main, de les prendre
et de se sauver avec. Je ne l'ai pas poursuivi, mais je vous ai tout de suite appelé.

    — C'est peut-être vrai, dit le vilain.»

    Ainsi furent pris et Gombaud, et le curé.

«Le dit des perdrix», Anonyme, XIIIe siècle.

• • •

---

2. **Ladre** : contraction populaire de Lazare.
3. **Madre** : racine de bois dur dans laquelle on taillait les coupes à boire.

Mieux COMPRENDRE le texte

1 Donnez le sens contextuel des mots soulignés.

a) « Un <u>vilain</u> prit deux perdrix au bas de sa haie » (l. 1) :

_____

_____

b) « Sa langue, alors, se met à frémir de <u>convoitise</u> » (l. 13-14) :

_____

_____

c) « mon bon <u>hanap</u> de madre » (l. 29) :

_____

_____

2 Relevez quelques expressions qui montrent que la scène se passe au Moyen Âge.

_____

_____

3 Quels aspects du style de l'auteur permettent de rendre le récit plus vivant ?

_____

_____

_____

Vers la RÉDACTION

 p. 38-44

Exercice 1 Voici une question de compréhension et la réponse proposée. À l'aide d'un trait, séparez chacune des composantes qui forment la réponse à cette question. Indiquez ensuite de quelle composante il s'agit.

Pourquoi la femme succombe-t-elle à la tentation de manger les deux perdrix ?

La femme succombe à la tentation de manger les deux perdrix parce qu'elle est très gourmande. En fait, elle semble particulièrement en apprécier le gout. C'est ainsi qu'« elle enlève le cou, le cou exquis, [qu']elle le savoure avec délices : il lui paraît si bon qu'elle s'en lèche les doigts » (l. 15-16). La répétition du mot « cou » insiste sur l'avidité de la femme pour la perdrix. De plus, les termes à connotation méliorative tels « exquis », « savoure » et « délices » font ressortir combien la volaille est appétissante. C'est pour cette raison que la dame déguste la perdrix. D'ailleurs, pour ne rien en perdre, elle se passe la langue sur les doigts. Bref, la femme, trop gloutonne, est incapable de se contenir devant un tel festin. (133 mots)

Exercice 2 Encadrez les organisateurs textuels qui introduisent l'idée secondaire et la conclusion de l'exercice 1.

Exercice 3 Complétez la réponse suivante en y insérant votre commentaire. Examinez bien l'idée retenue et la citation choisie avant d'écrire.

La femme succombe à la tentation de manger les deux perdrix parce qu'elle est seule. En effet, son mari met beaucoup de temps à rentrer. C'est parce qu'«il tardait à revenir» (l. 4), que la dame a goûté à la première perdrix. Par la suite, à deux reprises, «elle [va] voir dans la rue si son mari ne rentr[e] pas» (l. 6-7 et 13) avant de manger chaque perdrix. _____

_____

_____

Finalement, comme personne n'est là, la femme ne peut résister à la vue des perdrix.

⭕ La RÉDACTION

Utilisez la procédure de la page 39 pour répondre de manière structurée aux questions de compréhension suivantes.

❶ Le mari est-il violent ?

_____

_____

_____

_____

_____

_____

_____

❷ La femme est-elle rusée ?

_____

_____

_____

_____

_____

_____

_____

↳ **RETOUR SUR LA RÉDACTION**

▶ Après avoir rédigé **votre réponse**, soulignez **l'idée secondaire** et encadrez **les organisateurs textuels** de l'idée secondaire et de la conclusion.

▶ Appliquez les actions proposées dans **la grille de révision** linguistique à **la page 47** en fonction de vos difficultés.

Le **roman** de
RENART

C e fut à l'époque où revient l'hiver. Renart était dans sa maison. Ses provisions étaient épuisées. La faim le force à se mettre en route ;
5 tout doucement, qu'on ne le voie, il s'avance dans les joncs entre le bois et la rivière. À la fin, il arrive sur un chemin battu ; il s'assoit sur son derrière et tend le cou dans toutes les directions. Où
10 trouver de quoi manger ? La faim lui fait une terrible guerre… Alors, il s'est couché près d'une haie pour attendre là une occasion. Or, voici qu'à grande allure des marchands venaient de la
15 mer avec du poisson. Ils avaient des harengs frais en quantité, car la bise avait soufflé pendant toute la semaine, et encore d'autres bons poissons de mer, grands et petits, plein leurs paniers,
20 sans compter les lamproies et les anguilles qu'ils avaient achetées en passant dans les villages ; leur charrette était bien chargée. Renart qui trompe le monde entier était encore éloigné d'eux de la

ANONYME

Le roman de Renart est un ensemble de poèmes indépendants, ou «branches», écrits en vers de huit syllabes, en deux cycles d'esprit différent, par plusieurs auteurs anonymes et étrangers les uns aux autres. Le premier cycle, qui va de 1175 à 1205, a produit les passages les plus célèbres et les moins agressivement critiques de l'ordre établi ; le deuxième cycle, qui va de 1205 à 1250, compte quant à lui de nombreuses attaques contre le pouvoir royal, la religion et leurs représentants.

Le roman de Renart peut être vu comme une «épopée à rebours», une épopée animale qui parodie les chansons de geste et dont les héros ne sont plus des preux chevaliers, mais Renart, le goupil. Ce personnage est rusé, tenace et malicieux. Son intelligence fertile en stratagèmes triomphe sans scrupules d'Ysengrin, le loup, qui incarne la force alliée à la stupidité.

Grâce à l'immense succès populaire de ces récits, Renart s'est transformé en nom commun (renard) pour désigner un goupil.

25 portée d'un arc. En les voyant, il s'enfuit par des chemins détournés, prend les devants pour les duper. Il se couche au milieu du chemin, faisant le mort, après s'être roulé dans l'herbe d'une prairie. Les yeux clos, les dents entrouvertes, il retenait son haleine. Avez-vous jamais entendu parler d'une telle trahison ? Les marchands approchent, qui ne se doutaient de rien. Le premier qui le vit le regarde et appelle son compagnon :
30 «Voilà un goupil ou un chien !» L'autre s'écrie : «C'est un goupil ! Vite, attrape-le ; garde qu'il ne t'échappe ! Il sera trop rusé, s'il ne nous laisse sa peau.» Le marchand se hâte et son compagnon le suit ; les voilà près de Renart. Ils trouvent le goupil ventre en l'air ; ils le retournent de tous côtés sans crainte d'être mordus. Ils estiment son dos et sa gorge ; l'un déclare qu'il vaut bien trois sous. «Dieu me sauve ! dit l'autre, il en vaut
35 bien quatre, à bas prix. Nous ne sommes pas trop chargés, jetons-le sur notre charrette. Vois comme sa gorge est blanche et nette !»

À ces mots ils le lancent dans la charrette et se remettent en route. Ils se réjouissent ensemble, disant : «Nous n'en ferons rien de plus pour le moment, mais ce soir à la maison, nous lui retrousserons sa robe.» Ils sont plutôt satisfaits de l'histoire ; mais Renart se
40 contente d'en rire, car il y a loin de faire à dire. Il se coucha contre les paniers, en ouvrit un avec les dents et voilà qu'il en a tiré, sachez-le bien, trente harengs ; le panier fut bientôt presque vide. Il a mangé de bon cœur, sans s'inquiéter de l'assaisonnement... Ensuite, il a attaqué un autre panier : il y enfonce son museau, et ne manque pas d'en tirer trois colliers d'anguilles. Renart, le rusé, passe le cou et la tête dedans, et s'en couvre l'échine[1].
45 Maintenant la besogne est terminée ; il faut seulement trouver un moyen de descendre. Il n'y a pas de planche ni de marchepied : il s'est agenouillé pour étudier la meilleure façon de sauter. Il s'avance un peu et des pattes de devant se lance au milieu de la route, portant sa proie autour du cou. Et quand il a sauté, il crie aux marchands : «Dieu vous garde ! Cette belle charge d'anguilles est à nous ; vous pouvez garder le reste !» À ces mots, les
50 marchands furent merveilleusement ébahis. «Le goupil !» s'écrièrent-ils... L'un des marchands regarde et dit à l'autre : «Nous avons fait mauvaise garde[2], ce me semble.» Ils se frappent les mains. «Hélas ! dit l'un, quel dommage nous a coûté notre trop grande confiance ! Nous étions bien bêtes, tous deux, de ne pas nous méfier de Renart... Ha ! Renart, vous ne valez pas cher ; que les anguilles vous rendent malade ! — Seigneurs, dit
55 Renart, je n'ai pas l'intention de discuter. Vous direz ce qui vous plaira : Je suis Renart qui se taira...» Renart s'en vient tout droit à son château, où sa famille l'attendait en grande détresse. À sa rencontre s'élança sa femme, Hermeline la jeune, la courtoise et la franche. Ses deux fils, Percehaie et Malebranche, coururent aussi au-devant de leur père qui s'en venait à menus sauts, gros et repu, joyeux et fier, les anguilles autour du cou. Dût-on le
60 tenir pour fou, il a bien fermé sa porte derrière lui à cause des anguilles qu'il apporte.

Maintenant Renart est dans sa tour. Ses fils lui font bel accueil ; ils lui ont bien essuyé les jambes. Ils écorchent les anguilles, les coupent en morceaux, et les passent dans des broches de coudrier[3]. Le feu est vite allumé, car le bois ne manquait pas ; ils soufflent de tous côtés, et mettent les anguilles sur la braise, qui était restée des tisons. Pendant qu'ils
65 les faisaient rôtir, voici que Monseigneur Ysengrin, qui errait depuis le matin sans rien trouver à prendre, se dirigea, épuisé par le jeûne, droit à travers un essart vers le château de Renart. Il voit fumer la cuisine où le feu était allumé et où rôtissaient les anguilles ; il sent leur odeur qu'il ne connaissait pas. Il commence à froncer le nez et à se lécher les moustaches. Il irait volontiers offrir ses services si on voulait lui ouvrir la porte. Il
70 s'approcha d'une fenêtre pour regarder à l'intérieur. Il se met à réfléchir pour savoir comment entrer, ou par prière ou par amour... Il s'est accroupi sur une souche ; de bâiller il a mal à la gueule. Il court, s'arrête, repart, regarde, mais ne trouve aucun moyen de mettre le pied dans la demeure, ni pour don ni pour promesse. Mais, à la fin, il pense qu'il priera son compère de lui donner peu ou prou de ses provisions. Il l'appela par un
75 pertuis : «Sire compère, ouvrez-moi la porte ! Je vous apporte de belles nouvelles.» Renart l'entendit, il le reconnut bien, mais il ne s'en émut guère et fit la sourde oreille. Ysengrin s'en émerveille, qui, au-dehors, le malheureux, renifle avec envie l'odeur des anguilles. Il s'écrie :

«Ouvrez, beau sire !» Renart se met à rire et demande : «Qui êtes-vous ? — C'est
80 moi. — Qui, vous ? — C'est votre compère. — Ah ! je croyais que c'était un voleur. — Non ! non ! dit Ysengrin, ouvrez !» Renart répond : «Patientez jusqu'à ce que les moines aient mangé, qui sont installés au réfectoire. — Comment ? fait-il, ce sont des moines ? — Non, mais des chanoines... Je me suis fait religieux avec eux. — Nomini

---
1. **Échine** : dos.
2. **Fait mauvaise garde** : été imprudents.
3. **Coudrier** : noisetier.

Dame[4]! dit le loup, m'avez-vous dit la vérité? — Oui, par sainte Charité! — Alors,
85 faites-moi héberger… — Héberger? dit Renart… Nul, s'il n'est moine ou bien ermite,
ne peut loger ici. Allez plus loin…»

(Mais Renart a une idée en tête. Il sort du château par une porte dérobée[5] et conduit Ysengrin jusqu'à un vivier[6] où il va lui apprendre à pêcher.)

Le ciel était clair, étoilé et le vivier où Ysengrin devait pêcher était si gelé qu'on aurait
90 pu danser dessus; les vilains avaient seulement ouvert dans la glace un trou où chaque jour
ils menaient boire leurs bêtes. Ils avaient laissé auprès un seau; c'est là que Renart vint en
toute hâte. Il regarda son compère: «Sire, fait-il, approchez par ici! L'endroit est riche en
poissons et voici l'engin avec lequel nous pêchons les anguilles… et d'autres poissons bons
et beaux. — Frère Renart, dit Ysengrin, prenez-le et attachez-le-moi bien à la queue!»
95 Renart lui attache donc de son mieux le seau à la queue. «Frère, dit-il, il vous faut faire
sage contenance pour que les poissons viennent.» Alors il alla se coucher près d'un buisson
et, le museau allongé entre les pattes, attendit ce qui arriverait à l'autre. Ysengrin est sur la
glace et le seau plonge dans le trou; de glaçons il s'emplit à volonté. L'eau en se gelant
enserre le seau attaché à la queue et la scelle dans la glace. Notre loup songe à se soulever,
100 à tirer le seau à lui. Il essaie de bien des façons, ne sait que faire, s'inquiète. Il commence
à appeler Renart; impossible de se cacher maintenant, car l'aube déjà pointait. Renart
releva la tête, ouvrit les yeux: «Frère, fait-il, quittez donc le travail; allons-nous-en, beau
doux ami; nous avons assez pris de poissons.» Ysengrin lui cria: «Renart, il y en a trop!
J'en ai tant pris que je ne sais comment faire.» Renart s'est mis à rire et lui a dit sans
105 feindre davantage: «Qui convoite le tout perd le tout.» La nuit passe, l'aube perce, le soleil
du matin se lève. Les chemins étaient tout blancs de neige. Messire Constant des Granges,
un vavasseur bien à son aise, qui demeurait près de l'étang, s'était levé, ainsi que sa maisonnée, en menant grande joie. Il saisit un cor, appelle ses chiens, fait seller son cheval; sa
maisonnée pousse cris et huées. Renart entend, prend la fuite jusqu'à sa tanière où il se
110 tapit. Ysengrin reste sur place en bel embarras: de toutes ses forces, il tire, il tire au risque
de se déchirer la peau. Mais, s'il veut partir de là, il lui faudra renoncer à sa queue…

Le roman de Renart, Branche III, Anonyme, XIIIᵉ siècle.

4. **Nomini Dame**: au nom du Seigneur.
5. **Dérobée**: secrète.
6. **Vivier**: étang.

● ● ●

Mieux COMPRENDRE le texte

1 Expliquez les expressions et les mots soulignés.

a) «sans compter les <u>lamproies</u>» (l. 20):

_____

b) «nous lui <u>retrousserons sa robe</u>» (l. 39):

_____

c) «se dirigea […] droit à travers un <u>essart</u>» (l. 66):

_____

d) «Il l'appela par un <u>pertuis</u>» (l. 74-75):

_____

e) «les <u>vilains</u> avaient seulement ouvert dans la glace un trou» (l. 90):

_____

f) «un <u>vavasseur</u> bien à son aise» (l. 107) :

_____

❷ Donnez le sens de «peu ou prou» (l. 74). Quelle marque d'usage attribue-t-on à cette locution dans le dictionnaire ?

_____

_____

❸ Qu'espère Renart en faisant le mort ?

_____

_____

Vers la

RÉDACTION

 p. 38-44

Exercice 1 Voici une question de compréhension et la réponse proposée. Dans la colonne de gauche, numérotez de 1 à 7 l'ordre de formulation de la réponse. Dans la colonne de droite, indiquez à quelle composante de la réponse correspond chaque phrase.

Dans quel but les marchands de poisson chargent-ils Renart sur leur charrette ?

Ordre	Éléments de réponse	Composante
1	La vue du renard mort incite les hommes à s'interroger sur l'argent qu'ils pourraient gagner en vendant sa peau.	
3	En attendant de pouvoir déterminer la qualité de la peau, les hommes ne peuvent faire que des suppositions.	
2	Ils imaginent rapidement la valeur de l'animal.	
6	La vente de la fourrure ne pourra être effectuée qu'après avoir écorché le renard.	
4	«Ils estiment son dos et sa gorge ; l'un déclare qu'il vaut bien trois sous» (l. 33-34).	
5	Les marchands de poisson chargent Renart sur leur charrette afin de tirer profit de sa peau.	
7	C'est toutefois le soir seulement que les hommes prévoient de «lui retrouss[er] sa robe» (l. 39).	

Exercice 2 Récrivez la réponse, dans l'ordre, en insérant deux organisateurs textuels : le premier avant l'idée secondaire et le second, avant la conclusion.

_____

_____

_____

_____

_____

_____

_____

La RÉDACTION

Utilisez la procédure de la page 39 pour répondre de manière structurée aux questions de compréhension suivantes.

1 *Renart arrive-t-il à ses fins (en ce qui a trait à la nourriture)?*

Renart arrive en effet à ses fins. Il réussira à combler sa faim en mangeant les récoltes des marchands de poisson. En le chargeant sur la charette, Renart avait accès à ces récoltes. Il en profita pour manger plusieurs harengs et rapporter une anguille à son château

2 *Quel est le principal trait de caractère de Renart?*

Renart est quelqu'un de paresseux. Comme il est mentionné dans le texte, "il s'est couché près d'une haie pour attendre là une occasion. Cela démontre qu'il ne veut pas faire d'efforts pour combler ses besoins

3 *Quel est le principal trait de caractère d'Ysengrin?*

Ysengrin est un personnage plutôt curieux. Il aime savoir ce qui se déroule autour de lui. Par exemple, Ysengrin était curieux de savoir ce que concoctait Renart.

↳ **RETOUR SUR LA RÉDACTION**

▶ Après avoir rédigé **votre réponse**, soulignez **l'idée secondaire** et encadrez **les organisateurs textuels** de l'idée secondaire et de la conclusion.

▶ Appliquez les actions proposées dans **la grille de révision** linguistique à **la page 47** en fonction de vos difficultés.

Regard sur le
RÉSUMÉ

p. 45-46

❶ Lisez le résumé ci-dessous

Résumé de l'extrait du *Roman de Renart*

Renart cherche à berner des marchands de poisson pour manger à sa faim. Il fait le mort au travers du chemin. Les hommes, en le voyant, imaginent tout de suite ce que sa peau leur rapportera et ils le chargent dans la charrette. Renart en profite aussitôt pour se gaver de poissons et emporter des provisions à sa famille. Le repas est à peine prêt que le loup vient lui demander l'aumône. Renart cherche alors à se débarrasser d'Ysengrin. Il l'emmène à un vivier pour lui apprendre une technique de pêche miraculeuse. De fait, Ysengrin se retrouvera prisonnier des glaces. (100 mots)

---

❷ À partir du découpage de l'extrait, donnez un titre à chaque partie.

• Lignes 1 à 11 : _____

• Lignes 11 à 28 : _____

• Lignes 28 à 39 : _____

• Lignes 39 à 60 : _____

• Lignes 61 à 86 : _____

• Lignes 87 à 99 : _____

• Lignes 99 à 111 : _____

❸ Vérifiez si les différentes parties de l'extrait se retrouvent dans le résumé. Séparez-les par des barres obliques

Le VILAIN mire

LE PAYSAN DEVENU MÉDECIN

ANONYME

Jadis vivait un riche paysan qui était très avare ; du matin au soir, il était derrière sa charrue tirée par une jument et un cheval de trait.
5 Il avait à sa suffisance, pain, viande, vin et tout ce dont il avait besoin mais il ne s'était pas marié et ses amis et ses voisins l'en blâmaient fort. Il disait cependant qu'il prendrait volon-
10 tiers une bonne femme s'il pouvait la trouver. Aussi ses amis lui promirent-ils de lui chercher la meilleure qu'ils pourraient lui trouver.

Fabliau d'un style plus complexe que *Le dit des perdrix*, *Le vilain mire* met en scène un grand nombre de personnages qui s'entrecroisent dans deux intrigues. Tout en recourant aux thèmes traditionnels des fabliaux, tels que celui du couple mal assorti formé d'un paysan et d'une noble ou celui du paysan rustre et grossier mais habile à se tirer d'un mauvais pas, ce fabliau s'appuie aussi bien sur le comique de geste (coups de bâton répétés) que sur le comique de situation (guérison massive de malades).

La variété des revirements de situation et la satire d'une profession jugée honorable inspireront à Molière son *Médecin malgré lui*, qui, de ce fait, assurera la notoriété de ce fabliau.

Il y avait dans le pays un chevalier âgé et devenu veuf qui avait une fille très belle et
15 fort courtoise[1]. Mais, comme il n'était pas très riche, le chevalier ne trouvait personne pour lui demander la main de sa fille et, pourtant, il l'aurait volontiers mariée car elle en avait l'âge. Les amis du paysan vinrent trouver le chevalier et lui demandèrent la main de sa fille pour ce vilain qui avait tant d'or et d'argent, du blé en quantité et de la bonne toile à profusion. Il la leur donna sans la moindre hésitation et consentit au mariage. La
20 jeune fille, qui était pleine de sagesse, n'osa pas contredire son père car elle avait perdu sa mère. Elle se plia à son désir. Et le paysan, aussi vite qu'il le put, célébra ses noces en épousant celle qui en était fort attristée bien qu'elle n'osât pas le montrer. Quand tous ces événements furent passés, la noce et le reste, il ne fallut pas longtemps au paysan pour penser qu'il avait fait une mauvaise affaire : il ne convenait pas à ses besoins d'avoir une
25 fille de chevalier pour femme. Quand il ira à la charrue, les jeunes godelureaux pour qui tous les jours sont fériés viendront traîner dans sa rue ; à peine aura-t-il tourné le dos que le chapelain viendra avec assiduité faire la cour à sa femme, laquelle ne l'aimera jamais et n'aura pas pour lui la moindre estime !

« Hélas ! Pauvre de moi, se disait le paysan, je ne sais quoi faire et il ne sert à rien de
30 se perdre en de vains regrets. » Alors il commença à réfléchir au moyen de préserver sa femme de ces tentations : « Dieu ! se dit-il, si je la battais le matin en me levant, elle passerait le reste de la journée à pleurer pendant que je serais à mon travail ; et je sais

---
1. **Courtoise** : qui a de belles manières.

bien que tant qu'elle pleurerait, personne ne songerait à lui faire la cour. Et quand je reviendrais le soir, je lui demanderais pardon ; le soir je la rendrais joyeuse mais au matin
35 elle serait de nouveau dolente[2]. Je vais prendre congé d'elle dès que j'aurai mangé un peu. » Le paysan demanda son repas et la dame s'empressa de le servir. À défaut de saumon et de perdrix, ils eurent du pain, du vin, des œufs frits et du fromage en abondance, nourriture que produisait le paysan.

Quand la table fut débarrassée, de la paume de la main qu'il avait grande et large, il
40 frappa sa femme en pleine figure, y laissant la marque de ses doigts ; puis, méchamment, il la saisit par les cheveux et lui administra une sévère correction comme si elle l'avait mal servi. Après quoi, il partit rapidement dans les champs en abandonnant sa femme en pleurs.

« Hélas ! fait-elle, que vais-je faire ? Et où prendre conseil ? Je ne sais même plus quoi dire ! Mon père m'a bien sacrifiée en me donnant à ce paysan. Serais-je morte de faim ?
45 Certes j'étais bien folle de consentir à un tel mariage ! Ah ! Dieu ! pourquoi ma mère est-elle morte ? »

Elle se désespérait tant que tous ceux qui venaient pour la voir rebroussaient chemin. Tout le jour elle resta éplorée, jusqu'au coucher du soleil où son mari revint à la maison. Il tomba aux pieds de sa femme et lui demanda pardon.

50 « Sachez que c'est le diable qui m'a poussé à cette violence. Mais je vous jure que plus jamais je ne vous battrai ; je suis vraiment attristé et furieux de vous avoir ainsi battue. » Le vilain puant[3] s'est tant excusé que sa femme lui pardonne et lui sert le repas qu'elle avait préparé. Quand ils eurent assez mangé, ils allèrent se coucher en paix.

Au matin, le rustre[4] a de nouveau battu sa femme au point de manquer l'estropier,
55 puis il est retourné à ses labours. Et de nouveau, la dame éclate en sanglots :

« Hélas ! Que faire ? Et comment me sortir de ce mauvais pas ? Je suis dans une bien mauvaise situation ! Et mon mari a-t-il jamais été battu ? Certainement pas ; il ne sait pas ce que sont les coups ; s'il le savait, pour rien au monde il ne m'en aurait donné autant ! »

Tandis qu'elle se désolait ainsi, arrivèrent deux messagers du roi montés sur des
60 palefrois[5] blancs. Ils se dirigèrent vers la dame en éperonnant et la saluèrent au nom du roi. Puis ils demandèrent à manger car ils en avaient grand besoin. Elle les servit volontiers et leur demanda :

« D'où êtes-vous et où allez-vous ? Dites-moi ce que vous cherchez. »

L'un d'eux lui répondit :

65 « Dame, en vérité, nous sommes des messagers du roi. Il nous envoie chercher un médecin pour le ramener en Angleterre.

— Pour quoi faire ?

— Demoiselle Aude, la fille du roi, est malade ; il y a bien huit jours qu'elle n'a ni bu ni mangé car une arête de poisson lui est restée fichée dans le gosier. S'il la perd, le roi
70 ne sera plus jamais heureux. »

La dame lui répondit aussitôt :

« Vous n'aurez pas besoin d'aller bien loin car mon mari, je peux vous l'assurer, est un bon médecin. Il connaît plus de remèdes que n'en connut jamais Hippocrate[6] et il sait encore mieux établir un diagnostic en examinant les urines.

75 — Dame, est-ce une plaisanterie ?

— Je n'ai nullement envie de plaisanter. Mais il a un tel caractère qu'il ne ferait rien pour personne si on ne lui administrait auparavant une sévère correction. »

Et les messagers répondirent :

2. **Dolente** : gémissante de douleur.
3. **Puant** : dont la conduite est déplaisante.
4. **Rustre** : paysan.

5. **Palefrois** : chevaux de parade.
6. **Hippocrate** : médecin de l'Antiquité, né en Grèce vers 460 av. J.-C.

«On y parera : on ne se fera pas faute de le battre. Dame, où pourrons-nous le
80 trouver ?

— Vous le trouverez aux champs. Quand vous sortirez de cette cour, suivez ce
ruisseau et après ce chemin désert, la première charrue que vous rencontrerez, c'est la
nôtre. Allez-y. Et que saint Pierre vous garde.»

Les messagers éperonnent leurs montures jusqu'à ce qu'ils aient trouvé le paysan. Ils
85 le saluent au nom du roi et lui disent aussitôt :

«Venez vite parler au roi.

— Et pour quoi faire ? répond le vilain.

— À cause de votre grande science. Il n'y a pas sur terre un médecin qui vous vaille.
Nous sommes venus de loin pour vous chercher.»

90 Quand il s'entend nommer médecin, son sang ne fait qu'un tour ; il répond qu'il n'a
aucune connaissance en médecine.

«Et qu'attendons-nous ? dit l'un des messagers. Tu sais bien qu'avant de faire du bien
ou même d'accepter, il veut être battu !»

L'un le frappe derrière l'oreille et l'autre sur le dos avec un gros bâton. Ils le mal-
95 mènent à qui mieux mieux, puis ils le conduisent au roi. Ils l'ont hissé sur un cheval, à
l'envers, la tête vers l'arrière. Le roi était venu à leur rencontre. Il leur dit :

«Avez-vous trouvé quelqu'un ?

— Oui, Sire », dirent-ils ensemble.

Le vilain tremblait de peur. L'un des messagers commença à raconter au roi les manies
100 qu'avait le paysan et combien il était fourbe[7] car quoi qu'on lui demandât, il ne faisait
rien pour personne avant d'être sérieusement étrillé[8]. Le roi s'étonna :

«Quel drôle de médecin c'est là ! Jamais je n'ai entendu parler d'un tel homme.

— Puisqu'il en est ainsi, battons-le bien, dit un sergent. Je suis prêt : il suffit de m'en
donner l'ordre et je lui réglerai son compte !»

105 Le roi fit approcher le paysan et lui dit :

«Maître, prêtez-moi attention. Je vais faire venir ma fille qui a grand besoin d'être
soignée.»

Le paysan lui demanda grâce :

«Sire, au nom de Dieu qui ne mentit jamais, et puisse-t-il me secourir, je vous certifie
110 que je n'ai aucune connaissance en médecine. Jamais je n'en ai appris le moindre mot.»

Le roi s'écria :

«Vous me dites des sornettes. Battez-le-moi.»

Ses gens s'approchèrent et administrèrent une raclée au paysan avec grand plaisir.
Quand celui-ci sentit les coups pleuvoir, il se tint pour fou.

115 «Grâce, leur cria-t-il, je vais la guérir sur-le-champ.»

La demoiselle, qui était pâle et avait perdu ses couleurs, se trouvait dans la salle. Le
vilain se demanda comment il pourrait la guérir car il savait bien qu'il lui fallait ou la
guérir ou mourir. Alors il commença à réfléchir que, s'il voulait la guérir et la sauver, il
lui fallait trouver quelque chose à faire ou à dire qui puisse la faire rire afin que l'arête
120 saute de sa gorge car elle n'était pas enfoncée plus avant dans son corps. Il dit au roi :

«Faites un feu dans cette chambre et laissez-nous. Vous verrez bien ce que je ferai, et
s'il plaît à Dieu, je la guérirai.»

Le roi ordonna de faire un grand feu. Valets et écuyers se précipitent et ils ont vite
allumé un feu là où le roi l'avait commandé. La pucelle[9] s'assit près du feu, sur son siège
125 que l'on avait placé là ; et le vilain se déshabilla tout nu, ôta ses culottes et se coucha le

---

7. **Fourbe** : trompeur.
8. **Étrillé** : battu, malmené.

9. **Pucelle** : jeune fille vierge.

long du feu. Il se mit à se gratter et à s'étriller[10] : il avait les ongles longs et le cuir dur. Jusqu'à Saumur il n'y a personne, si bon gratteur qu'on le croie, qui le soit autant que lui. La jeune fille, en voyant ce spectacle, veut rire malgré le mal qu'elle ressent ; elle s'efforce tant et si bien que l'arête lui vole hors de la bouche et tombe dans le feu. Le

130 vilain, sans plus attendre, se rhabille, prend l'arête et sort de la chambre en faisant fête. Dès qu'il voit le roi, il lui crie :

« Sire, votre fille est guérie : voici l'arête, grâce à Dieu. »

Le roi en fut tout heureux et lui dit :

« Je veux que vous sachiez que je vous aime plus que quiconque. Vous aurez vêtements

135 et robes[11].

— Merci, Sire, mais je n'en veux pas ; je ne veux pas rester avec vous. Il me faut rentrer chez moi. »

Le roi lui répliqua :

« Il n'en est pas question. Tu seras mon médecin et mon ami.

140 — Merci, Sire, au nom de saint Germain[12]. Mais chez moi il n'y a plus de pain. Quand j'en suis parti, hier matin, je devais aller en chercher au moulin. »

Le roi appela deux serviteurs :

« Battez-le-moi, il restera. »

Ces derniers bondissent sans hésiter et donnent une raclée au paysan. Quand il sentit

145 pleuvoir les coups sur ses bras, ses jambes et son dos, il commença à crier grâce :

« Je resterai. Laissez-moi en paix. »

Le paysan resta à la cour ; on le tondit, on le rasa et on lui fit revêtir une robe d'écarlate. Il se croyait tiré d'affaire lorsque les malades du pays, au nombre de quatre-vingts, à ce que je crois, vinrent voir le roi à l'occasion d'une fête et chacun lui conta son cas. Le

150 roi appela le paysan et lui dit :

« Maître, au travail. Chargez-vous de ces gens et guérissez-les-moi sans tarder.

— Grâce, Sire, répliqua le paysan. Par Dieu, ils sont trop nombreux ; je ne pourrai en venir à bout ; il est impossible de les guérir tous ! »

Le roi appela deux valets qui prirent un gourdin car ils savaient bien pourquoi le roi

155 les appelait. Quand le paysan les vit venir, son sang ne fit qu'un tour.

« Grâce, commença-t-il à crier. Je vais tous les guérir sans attendre ! »

Il demanda du bois et on lui en donna assez pour le satisfaire ; on fit du feu dans la salle et lui-même se mit à l'attiser. Il réunit alors les malades dans la salle et s'adressa au roi :

« Sire, vous sortirez avec tous ceux qui ne sont pas malades. »

160 Le roi le quitta courtoisement et sortit de la pièce avec ses gens. Le paysan s'adressa alors aux malades :

« Seigneurs, par ce Dieu qui me créa, ce n'est pas une mince affaire que de vous guérir et j'ai peur de ne pouvoir y arriver. Je vais choisir le plus malade et le mettre dans ce feu ; je le réduirai en cendres et tous les autres en retireront profit car ceux qui boiront

165 cette cendre avec de l'eau seront guéris sur l'heure. »

Ils se regardèrent les uns les autres mais il n'y eut pas un bossu ou un enflé qui voulût admettre, même si on lui avait donné la Normandie[13], qu'il était le plus gravement atteint. Le paysan s'approcha du premier et lui dit :

« Je te vois bien faible : tu es le plus malade de tous.

170 — Grâce, Sire, je me sens beaucoup mieux que jamais je ne me suis senti. Je suis soulagé des maux bien cruels qui m'ont longtemps fait souffrir. Sachez que je ne vous mens pas.

---

10. **S'étriller** : se frotter.
11. **Robes** : vêtements distinctifs d'une profession.
12. **Saint Germain** : saint patron des paysans.
13. **Normandie** : région du nord-ouest de la France.

— Alors qu'es-tu venu chercher ici ? Sors. »

Celui-ci s'empressa de prendre la porte. Le roi lui demanda au passage :

175 « Es-tu guéri ?

— Oui, Sire. Grâce à Dieu, je suis plus sain qu'une pomme. Votre médecin est un homme remarquable ! »

Que vous dirais-je de plus ? Il n'y avait personne, petit ou grand, qui, pour rien au monde, aurait accepté d'être jeté dans le feu. Et tous s'en allèrent comme s'ils avaient été 180 complètement guéris. Quand le roi les vit ainsi, il en fut éperdu de joie et il demanda au paysan :

« Beau maître, je me demande bien comment vous avez pu faire pour les guérir aussi vite.

— Sire, je les ai enchantés. Je connais un charme qui est plus efficace que le gingembre ou le zédoaire[14]. »

185 Le roi lui dit alors :

« Maintenant, vous pourrez repartir chez vous quand vous le désirerez ; vous aurez de mes deniers et de bons chevaux, palefrois et destriers[15]. Quand je vous appellerai, vous répondrez à mon appel. Vous serez mon ami le plus cher et tous les gens de la contrée vous en aimeront davantage. Ne faites plus le niais et n'obligez plus personne à vous 190 battre car il est honteux de vous frapper.

— Merci, Sire, je suis votre homme à quelque heure que ce soit, et le serai aussi longtemps que je vivrai et je ne pense pas jamais le regretter. »

Il prit congé du roi et le quitta pour revenir tout joyeux chez lui. Jamais il n'y eut manant plus riche : il revint chez lui mais ne retourna plus à sa charrue et ne battit plus 195 sa femme ; au contraire, il l'aima tendrement. Tout se passa comme je vous l'ai conté : grâce à sa femme et à la malice qu'elle avait déployée, il devint un bon médecin sans jamais l'avoir appris.

« Le paysan devenu médecin ou Le vilain mire », dans *Fabliaux et contes moraux du Moyen Âge*,
Paris, Librairie Générale Française, 1987, p. 86-95.
Transcription en français moderne par J.-C. Aubailly.

14. **Zédoaire** : plante d'Asie utilisée comme épice.
15. **Destriers** : chevaux de bataille.

Mieux COMPRENDRE le texte

1 Précisez le sens contextuel des mots soulignés.

a) « Quand il ira à la charrue, les jeunes <u>godelureaux</u> pour qui tous les jours sont fériés viendront traîner dans sa rue ; à peine aura-t-il tourné le dos que le <u>chapelain</u> viendra avec <u>assiduité</u> faire la cour à sa femme » (l. 25-27) :

  • _____

  • _____

  • _____

b) « Le <u>vilain</u> puant s'est tant excusé que sa femme lui pardonne » (l. 52) :

_____

_____

c) « Jamais il n'y eut <u>manant</u> plus riche » (l. 193-194) :

_____

❷ Quelles sont les deux intrigues qui se chevauchent dans ce texte ?

_____

_____

_____

_____

_____

❸ Quelle phrase tirée du texte permet de montrer que, au Moyen Âge, la médecine n'est pas considérée comme une science exacte ?

_____

_____

_____

_____

 Vers la
RÉDACTION

 p. 38-44

Exercice 1 Voici une question de compréhension et la réponse proposée. À l'aide d'un trait, séparez chacune des composantes qui forment la réponse à cette question de compréhension, puis indiquez de quelle composante il s'agit.

La jeune femme est-elle heureuse de son union avec le paysan ?

La jeune femme n'est pas heureuse de son union avec le paysan. En effet, elle désapprouve ce choix, mais n'en laisse rien paraître. Elle « n'os[e] pas contredire » (l. 20) son père et « se pli[e] à son désir » (l. 21). Ainsi elle se soumet aux volontés de son père afin de lui éviter toute déception. Bref, la jeune femme se marie au paysan à contrecœur. (66 mots)

Exercice 2 Encadrez les organisateurs textuels qui introduisent l'idée secondaire et la conclusion de l'exercice 1.

Exercice 3 Complétez la réponse suivante en formulant le commentaire. Regardez bien l'idée retenue ainsi que la citation choisie.

La jeune femme n'est pas heureuse de son union avec le paysan. En effet, elle la regrette assez vite. Après que son mari l'a battue, la femme réfléchit à sa fâcheuse situation : « Mon père m'a bien sacrifiée en me donnant à ce paysan. [...] j'étais bien folle de consentir à un tel mariage » (l. 44-45). _____

_____

_____

Finalement, la jeune épouse est très déçue d'être unie à un homme violent.

La RÉDACTION

Utilisez la procédure de la page 39 pour répondre de manière structurée aux questions de compréhension suivantes.

1 *La femme est-elle rusée ?*

_____

_____

_____

_____

_____

_____

_____

_____

_____

_____

_____

_____

_____

2 *Le comportement du vilain a-t-il changé ?*

_____

_____

_____

_____

_____

_____

_____

_____

_____

_____

_____

_____

_____

_____

_____

_____

↳ RETOUR SUR LA RÉDACTION

▸ Après avoir rédigé **votre réponse**, soulignez **l'idée secondaire** et encadrez **les organisateurs textuels** de l'idée secondaire et de la conclusion.

▸ Appliquez les actions proposées dans **la grille de révision** linguistique à **la page 47** en fonction de vos difficultés.

Regard sur le
RÉSUMÉ

  p. 45-46

❶ Le fabliau du *Vilain mire* a été divisé en scènes. Donnez à chacune d'elles un titre qui la résume bien.

- **Lignes** 1 à 38 : _____
- **Lignes** 39 à 58 : _____
- **Lignes** 59 à 83 : _____
- **Lignes** 84 à 115 : _____
- **Lignes** 116 à 135 : _____
- **Lignes** 136 à 184 : _____
- **Lignes** 185 à 197 : _____

❷ Résumez le fabliau en une centaine de mots.

_____
_____
_____
_____
_____
_____
_____
_____
_____
_____
_____
_____
_____
_____
_____
_____
_____
_____
_____
_____
_____

PARTIE **1**

Née à Saint-Boniface, au Manitoba, Gabrielle Roy a fait une entrée remarquée dans la littérature canadienne avec son roman *Bonheur d'occasion* paru en 1945.

Rompant avec une longue tradition d'œuvres du «terroir», elle plonge ses lecteurs dans le quartier ouvrier de Saint-Henri, à Montréal, où la famille Lacasse tente désespérément de survivre à la pauvreté. L'aînée de cette famille, Florentine, travaille comme serveuse dans un restaurant bon marché où elle fait la connaissance de Jean Lévesque, un jeune homme ambitieux dont elle tombe amoureuse. Malheureusement pour elle, cet amour n'est pas réciproque.

GABRIELLE ROY (1909-1983)

BONHEUR
d'occasion

THÈME DU PASSAGE UN DÉMÉNAGEMENT PRÉCIPITÉ

Dans la salle à manger, des meubles qu'elle ne reconnaissait pas s'entassaient contre la cloison[1]; des visages inconnus se montraient entre les caisses éventrées, les cuvettes[2] remplies de linge et les chaises qui montaient l'une sur l'autre jusqu'au plafond.

Un instant, Florentine espéra s'être trompée de maison dans sa hâte, car, en vérité,
5 bien que l'attente sur le seuil lui eût paru longue, elle était entrée très vite. Mais non: au-delà des matelas empilés et des armoires boiteuses, il y avait encore au fond de la maison trop de choses familières: la vieille horloge, des chapeaux d'enfants, la nappe cirée sur la table. Et puis, à travers ces objets, Florentine discerna bientôt sa mère au bord d'une chaise et qui tirait sur son tablier d'un geste absent. Elle s'approcha en tremblant.
10 Rose-Anna la vit, fit un sourire distrait, puis se leva pour fermer derrière elles la porte de la cuisine. Alors elles furent seules dans un petit coin encombré mais qui ressemblait encore un peu à leur vie quotidienne. Florentine, reprenant encore une fois pleine conscience de la fuite du temps, avait songé tout de suite avec stupeur[3]: «C'est vrai, voici le mois de mai, le temps de déménager.»

15 — Assieds-toi, dit la mère comme si elle se découvrait à ce point déroutée et dénuée que toute autre invitation lui eût paru superflue[4], et pour marquer peut-être aussi qu'il leur restait encore cela: s'asseoir et se regarder... causer aussi si les paroles pouvaient encore leur venir.

Elle-même se laissa choir sur une chaise. Son terme approchait. Au moindre effort,
20 elle s'essoufflait, et il lui fallait aussitôt chercher un appui.

---

1. **Cloison**: paroi peu épaisse qui sépare les pièces d'une maison.
2. **Cuvettes**: récipients larges et peu profonds.
3. **Stupeur**: grand étonnement.
4. **Superflue**: qui n'est pas nécessaire.

Leurs regards se rencontrèrent. La scène se passait d'explication. Mais Rose-Anna se crut obligée de la commenter. Elle dit avec impatience, presque avec méchanceté :

— C'est les nouveaux locataires, comme tu penses, qu'on a su le dos. » Puis sa voix devint égale, plaintive ; elle expliqua comme à travers des épaisseurs d'incompré-
25 hension, d'ennui, de solitude : « Je pensais qu'on aurait eu que'ques jours de grâce, mais ces gens-là ont payé. Ça fait qu'ils sont plus chez eux que nous autres. Il a ben fallu que je les laisse entrer. »

« C'est inimaginable », songeait Florentine. Elle était habituée certes au déménagement annuel – et même parfois ils avaient quitté une maison au bout de six mois – mais non
30 pas à cette invasion de leur logis par une troupe d'étrangers. Entendant gémir, crier les plus petits dans la pièce voisine, elle fut prise d'une rage froide. Était-ce donc à cela qu'elle s'attendait lorsqu'elle était revenue à la maison si désireuse de retrouver chaque chose à sa place, et comme un signe infaillible[5] de sa sécurité ? Son père, sa mère : pourquoi ne s'étaient-ils pas occupés plus tôt aussi de s'assurer un logement.
35 — T'aurais pas dû les laisser faire, se mettre chez eux icitte, dit-elle avec humeur[6].

— Que veux-tu ? » reprit Rose-Anna. Plus doucement maintenant, elle se prit à raconter comment elle avait prévu les besoins les plus immédiats : « Ça va pas être drôle pour se coucher à soir... Mais j'ai parlé à la voisine ; elle nous prêtera une chambre. Je me suis réservé aussi celle de Philippe pour les petits... les miens, ajouta-
40 t-elle, comme s'il fallait établir une différence. Je les ai mis au lit le plus vite possible, tu comprends. Le train qu'ils faisaient avec les autres enfants – ceux de c'te femme-là, je sais pas encore son nom... Le train c'était à devenir fou ! »

Elle s'arrêta subitement et regarda Florentine figée devant elle et qui ne semblait rien entendre.
45 — D'où viens-tu si tard ? demanda-t-elle.

Mais elle n'attendait pas de réponse. Est-ce qu'il y avait encore des réponses que l'on pouvait obtenir du fond de ce gouffre où on était enfermé si loin de toute oreille humaine qu'on aurait pu crier des jours et des jours sans arracher à l'isolement autre chose qu'un faible écho de sa peine ?
50 Rose-Anna fixait obstinément un point usé du linoléum. Et soudain, sur un ton lâche, mou, fatigué, elle se mit à énumérer leurs malheurs comme si elle se plaisait enfin à les reconnaître tous, les anciens, les nouveaux, les petits, les grands, ceux qui dataient de loin déjà, ceux qui étaient tout récents, ceux qui étaient engourdis au fond de la mémoire et ceux qui palpitaient dans le cœur, au trou d'une blessure fraîche.
55 — Ton père, disait-elle, ton père qui devait trouver une maison ! Tu le connais, ton père ! Il nous tient comme ça jusqu'à la dernière minute avec des fausses espé-rances. Des fausses espérances ! Il devait trouver une maison à l'entendre. À l'entendre ! Une bonne maison ! Il faut que ça soit moi qui m'occupe de toute. Mais comment est-ce que j'aurais pu faire. J'ai passé tout mon temps à l'hôpital... Daniel, qui est à
60 l'hôpital, se crut-elle obligée de rappeler comme si elle eût perdu l'écheveau embrouillé qu'elle dévidait[7]. Daniel, pis Eugène !... Qu'est-ce qu'on avait affaire aussi d'aller aux sucres ! C'est depuis ce temps-là que Daniel est malade. Nous autres, on n'est pas né pour la chance. À c'te heure, rendu au mois de mai, les maisons sont quasiment pus trouvables... Où c'est qu'on va se loger ?...
65 Mais voici que derrière ces malheurs, ces inquiétudes clairement énoncées, elle en voyait d'autres, toute une légion qui se levait à chaque détour de ce dédale qu'elle

---

5. **Infaillible** : certain.
6. **Humeur** : irritation.
7. **Dévidait** [l'écheveau] : parlait sans interruption.

suivait. Alors elle se tut. Et d'avoir tant de douleurs secrètes porta Rose-Anna à la compassion. Elle n'en espérait plus pour elle-même, mais à donner autour d'elle, elle en avait encore.

70 — As-tu soupé? demanda-t-elle soudain avec une douceur déconcertante... Je pourrais te faire une omelette.

Mais Florentine devant elle ne desserrait pas les lèvres. Des larmes montaient à ses paupières, brûlantes de révolte. Et voilà donc ce qu'elle était venue chercher auprès de sa mère: des malheurs si grands et si nombreux qu'elle sentit s'étouffer en elle les 75 dernières lamentables velléités[8] d'espoir.

Pour la première fois de sa vie, elle voyait Rose-Anna dans une robe poussiéreuse et les cheveux défaits. Et l'accablement de celle qui, à travers tous les malheurs, était pourtant jusque-là restée vaillante, lui apparut comme le signe certain de leur effondrement à tous, de son effondrement à elle en particulier.

80 Rose-Anna tirait le bord de son tablier d'un geste las et futile qu'elle n'avait point eu autrefois – le geste de la grand-mère, songea Florentine. Ses épaules allaient et venaient dans un balancement ininterrompu, triste et monotone, comme si elle berçait un enfant ou une pensée ou encore une vieille rancune qu'elle aurait bien voulu engourdir. Ou peut-être était-ce simplement sa fatigue, et toutes ses pensées ensemble, 85 pêle-mêle, qu'elle berçait pour les endormir. Mais le creux de sa robe, entre les genoux, la courbe de ses bras qui semblaient soutenir un poids, l'oscillation de son corps, sa tête penchée rappelèrent à Florentine le petit Daniel que Rose-Anna recevait ainsi et calmait quand il avait la fièvre.

Daniel!... Il était tout petit pour son âge. Il avait toujours eu un visage pâle, 90 presque transparent. Mais avant d'être malade, il les étonnait tous par sa précocité[9]. Dans le faubourg, il y avait un vieux dicton: les enfants trop intelligents ne vivaient pas longtemps. Si frêle, si sérieux, le petit Daniel! Quels tourments avaient déjà pu le toucher! «Oh, qu'il vive, pensa Florentine, et je prendrai sa guérison comme un signe de délivrance.»

95 Brusquement, sa pensée dévia. Elle revint à son propre effroi comme un malade inévitablement à une attention aiguisée de sa douleur. Un malaise la reprenait. Et elle sut cette fois qu'elle ne pourrait plus continuer à lutter contre la certitude qui l'envahissait. Il faudrait en parler à sa mère. Mais comment! Maintenant surtout!... De loin, à travers un bourdonnement, elle entendit Rose-Anna qui disait:

100 — Qu'est-ce que ton père fait bien à c'te heure-citte qu'il n'arrive pas! Depuis deux heures, cet après-midi, qu'il est parti. Qu'est-ce qu'il peut bien chercher? Qu'est-ce qu'il peut bien faire?

Cet appel banal, cent fois répété, n'éveillait plus de pitié en Florentine. Elle-même sombrait dans un noir étouffant où il ne lui venait de quelque côté qu'elle se tournât 105 aucune aide, aucun conseil. Tout tourna autour d'elle. Un tiraillement la prit au creux de l'estomac.

Lorsqu'elle se redressa, pâle, le visage humilié, sa mère la regardait. Elle la regardait comme si elle ne l'avait jamais encore vue, et la découvrait soudain. Elle la regardait avec des yeux agrandis, fixes, et une expression de muette horreur. Sans pitié, 110 sans amitié, sans bonté: rien que de l'horreur plein les yeux. Presque violente, d'une voix qui montait, elle s'écria:

— Mais qu'est-ce que t'as donc, toi! Hier, à matin, pis encore à soir... On dirait que t'es...

---

8. **Velléités**: intentions qui, généralement, ne se réalisent pas.
9. **Précocité**: état plus avancé du développement intellectuel.

Elle s'était tue et les deux femmes se regardaient comme deux ennemies. Il n'y avait plus entre elles que les bruits d'une intimité qui s'établissait dans leur propre logis, de l'autre côté d'une mince cloison.

Florentine, la première, abaissa la vue.

Une fois encore elle chercha les yeux de sa mère, avec des paupières battant lourdement, avec un tressaillement des lèvres et une angoisse de tout son corps : la première fois et la dernière fois de sa vie sans doute qu'elle mettait dans son regard cet appel d'être traqué. Mais Rose-Anna avait détourné la tête. Le menton appuyé sur la poitrine, elle semblait être devenue une chose inerte, indifférente, à demi enfoncée dans le sommeil.

Alors Florentine, avec une impression de recul infini, se vit toute jeune, gaie, fiévreuse sous le regard de Jean. Et cette joie lointaine étant insupportable à son souvenir, plus horrible, plus dure qu'un reproche exprimé, elle tourna sur elle-même, ouvrit la porte d'un coup sec et s'enfuit dans une lame[10] de vent qui semblait la happer.

Gabrielle Roy, *Bonheur d'occasion*, Boréal, 1993,
p. 269-273. © Fonds Gabrielle Roy.

10. **Lame** : bourrasque, rafale.

● ● ●

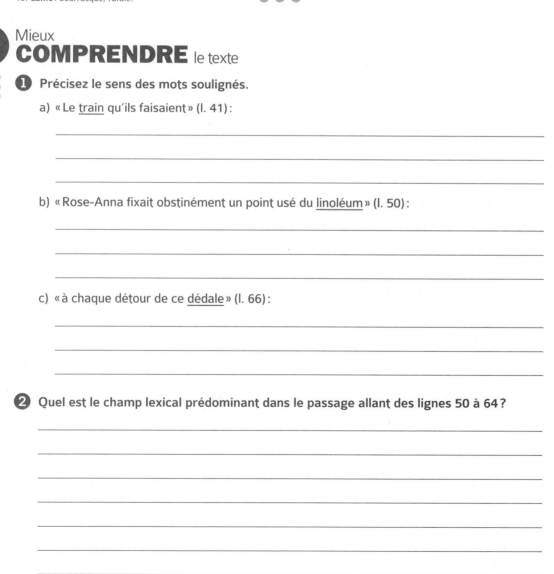

Mieux COMPRENDRE le texte

❶ Précisez le sens des mots soulignés.

a) « Le train qu'ils faisaient » (l. 41) :

_____

_____

_____

b) « Rose-Anna fixait obstinément un point usé du linoléum » (l. 50) :

_____

_____

_____

c) « à chaque détour de ce dédale » (l. 66) :

_____

_____

_____

❷ Quel est le champ lexical prédominant dans le passage allant des lignes 50 à 64 ?

_____

_____

_____

_____

_____

_____

_____

3 Rose-Anna confie à Florentine : « Nous autres, on n'est pas né pour la chance »
(l. 62-63). Quelle phrase du texte laisse présager que la chance pourrait se présenter ?

_____

_____

_____

4 Quel événement vient interrompre l'entretien entre les deux femmes ?

_____

_____

_____

5 Comment apprend-on que Rose-Anna est enceinte et que Florentine l'est
probablement ?

_____

_____

_____

_____

_____

_____

_____

_____

Vers la
RÉDACTION

 p. 38-44

Exercice 1 Voici une question de compréhension et la réponse proposée. À l'aide d'un trait,
séparez chacune des composantes qui forment la réponse à cette question. Indiquez ensuite
de quelle composante il s'agit.

Quelle est la situation sociale de la famille de Florentine ?

La famille de Florentine est dans une situation précaire. En fait, l'environnement
immédiat manque de stabilité. Ainsi le « déménagement annuel » (l. 28-29) est devenu
une tradition. Il leur est même arrivé de « quitt[er] une maison au bout de six mois »
(l. 29). Dans ces circonstances, il est difficile de garder ses points de repère. Quant à Rose-
Anna, elle est découragée par les malheurs qui accablent la famille, « les anciens, les
nouveaux, les petits, les grands » (l. 52). L'énumération montre bien que les problèmes
sont toujours présents et que cela affecte la famille au fil des ans. En somme, la situation
précaire de la famille ne fait que créer des tensions. (110 mots)

Exercice 2 Encadrez les organisateurs textuels de l'idée secondaire et de la conclusion
de l'exercice 1.

La RÉDACTION

Utilisez la procédure de la page 39 pour répondre de manière structurée aux questions de compréhension suivantes.

1 *Quel est le comportement du père de Florentine?*

_____

_____

_____

_____

_____

_____

_____

_____

_____

_____

2 *Quel est le principal état d'esprit de la mère de Florentine?*

_____

_____

_____

_____

_____

_____

_____

_____

_____

_____

_____

_____

↳ **RETOUR SUR LA RÉDACTION**

▶ Après avoir rédigé **votre réponse**, évaluez-la à l'aide de **la grille** à **la page 44**.

▶ Appliquez les actions proposées dans **la grille de révision** linguistique à **la page 47** en fonction de vos difficultés.

Regard sur le
RESUMÉ

p. 45-46

❶ Divisez le texte en parties et donnez à chacune d'elles un titre qui la résume bien.

- Lignes _____ à _____ : _____
- Lignes _____ à _____ : _____
- Lignes _____ à _____ : _____
- Lignes _____ à _____ : _____
- Lignes _____ à _____ : _____

❷ Résumez l'extrait.

_____
_____
_____
_____
_____
_____
_____
_____
_____
_____
_____
_____
_____
_____
_____
_____
_____
_____
_____
_____
_____
_____
_____
_____
_____

Un ANGE CORNU
avec **des ailes de tôle**

UN ROMAN ÉCRIT DANS MA VILLE

MICHEL TREMBLAY (1942)

Michel Tremblay est l'un des écrivains québécois les plus prolifiques. Il s'impose d'abord comme dramaturge avec des pièces comme *Les belles-sœurs*, *À toi pour toujours, ta Marie-Lou* ou encore *Albertine en cinq temps*. Ses pièces, écrites en joual, mettent en scène des hommes et des femmes issus de milieux populaires de Montréal. Avec les *Chroniques du Plateau Mont-Royal*, le romancier reprend certains des personnages de ses pièces pour décrire leur enfance, dans un style où se côtoient le réalisme et le fantastique.

Dans *Un ange cornu avec des ailes de tôle*, Michel Tremblay raconte, à travers ses souvenirs d'enfance, sa passion pour les livres et son admiration pour certains auteurs. En effet, avec la complicité de sa mère, l'adolescent découvre le plaisir de la lecture. Les œuvres de Jules Verne, de Victor Hugo, de Saint-Exupéry et de Gabrielle Roy forment une sorte d'itinéraire qui conduira le jeune homme vers l'écriture. Non sans humour, les récits de Tremblay proposent une véritable réflexion sur la littérature.

M aman venait de me faire un superbe cadeau.

[...]

Elle tenait serrés contre elle deux volumes mous, décrépits, aux coins de
5 pages écornés, des livres qui avaient été beaucoup lus et avec passion.

[...]

Bonheur d'occasion de Gabrielle Roy. Je l'avais vu traîner partout dans la maison depuis une semaine, j'avais entendu maman chanter ses louanges avec une voix mouillée[1] ; elle parlait d'une famille Lacasse, de Saint-Henri, un quartier très éloigné du nôtre et que je
10 ne connaissais pas du tout, de la conscription – mon père m'avait expliqué ce que ça voulait dire –, de la mort injuste d'un enfant dans un hôpital parce que ses parents étaient trop pauvres pour le faire soigner et d'une maison située tellement près des rails du chemin de fer que tout tremblait dans l'appartement des Lacasse quand les trains passaient. Elle parlait d'une grande histoire d'amour interrompue par la guerre et par la
15 couardise du jeune homme, Jean Lévesque, qui disparaissait après avoir séduit l'héroïne, Florentine Lacasse, qui continuait quand même à l'aimer, la maudite folle ; d'un mariage malheureux pour que l'enfant de Jean Lévesque ait un père ; du départ de trois hommes de la même famille – le père, le fils, le gendre – pour la guerre à bord du même train qui les amenait probablement à la mort («Tout le monde sait à c't'heure que nos hommes
20 ont servi de chair à canon pendant le débarquement !») ; de la petite misère des Canadiens

---
1. **Avec une voix mouillée** : avec émotion.

PARTIE **1**

français pendant la guerre enfin décrite dans un grand roman, aussi grand et aussi beau que les grands romans français que nous aimions tant dans la famille.

[…]

À l'école, on ne nous faisait lire que très peu d'auteurs du Québec et jamais, absolument jamais, une œuvre complète. Je me souviens d'avoir analysé des bouts des *Anciens*
25 *Canadiens* de Philippe Aubert de Gaspé – le folklore québécois du dix-neuvième siècle ne m'intéressait pas et je m'ennuyais à mourir –, des extraits de *Andante, Allegro* ou *Adagio* de Félix Leclerc – pour me faire dire, évidemment, que les fables de La Fontaine étaient infiniment supérieures –, j'ai un vague souvenir d'une description du *Survenant* de Germaine Guèvremont, celle, je crois, où le vent soulève les jupes d'Angélina Desmarais
30 – pour me faire dire qu'on ne devrait pas écrire des choses comme celle-là parce qu'elles peuvent porter à plusieurs sortes d'interprétations – ; il fallait que ce soit catholique et édifiant[2] et, avec mes quatorze ans qui ruaient dans les brancards[3], je commençais à être pas mal tanné des pensées pieuses[4] – les miennes l'étaient si peu ! – et des exemples édifiants.

35 *Bonheur d'occasion* n'était rien de tout ça, du moins du point de vue de la religion. C'était la première fois que je lisais un roman écrit dans ma ville où la vertu et le bon ordre ne régnaient pas en maîtres absolus, où la religion catholique ne répondait pas à toutes les questions, où Dieu n'était pas automatiquement au bout de chaque destin, et je n'en revenais pas. Le chaos existait donc à Montréal ailleurs que dans mon âme ? Je
40 n'étais pas tout seul dans mon coin à commencer à soupçonner qu'on nous mentait, qu'on nous trompait depuis toujours ?

Il n'y avait pas de morale dans le livre de Gabrielle Roy, la pauvreté ne s'expliquait pas, la lâcheté n'était pas punie, une jeune fille enceinte n'était pas coupable d'un ineffaçable péché, la guerre n'était pas une mission noble pour sauver la démocratie mais une mons-
45 truosité qui écrasait les petits et protégeait les riches.

Je trouvais dans *Bonheur d'occasion* des réponses aux questions que je commençais à me poser, je côtoyais des êtres qui me ressemblaient, qui s'exprimaient comme moi, qui se débattaient comme mes parents, qui subissaient l'injustice sans trouver d'issue et qui, parfois, payaient de leur vie les erreurs des autres.

50 Maman avait parlé de chair à canon. C'est donc ça que ça voulait dire ! Des ouvriers comme mon père qui partaient pour la guerre non pas pour sauver la France ou l'Angle-terre des griffes des méchants nazis – on était bien loin de King et de Biggles[5] – mais pour faire vivre leur famille parce qu'ils ne trouvaient pas de travail dans leur propre pays, et qu'on envoyait se faire massacrer aux premières lignes parce qu'ils n'avaient pas d'éducation ?

55 *Bonheur d'occasion* était donc un livre *athée* comme certains de ces romans français que lisait ma mère presque en cachette (« C'est pas de ton âge ! ») et qu'avait lus ma grand-mère Tremblay avant elle ! Et pourquoi m'avait-elle fait lire celui-là ?

Je regardais de plus près, je scrutais les longues descriptions des états d'âme des per-sonnages : Rose-Anna Lacasse qui donnait naissance à un bébé le jour du mariage de sa
60 fille tout en s'abîmant dans la douleur de la perte prochaine de son Daniel, huit ans, qui se mourait lentement de leucémie ; Florentine qui épousait Emmanuel Létourneau sans lui dire qu'elle ne pourrait jamais l'aimer et qu'elle était enceinte de Jean Lévesque ; Azarius Lacasse qui, à trente-neuf ans, entrait dans l'armée pour que sa famille puisse manger, et je me disais : « C'est ça, la vie, la vraie vie, y'a pas d'explications à l'injustice
65 ni de solution ! Le bon Dieu va pas apparaître comme Superman pour sauver tout le monde, ces personnages-là sont perdus ! » Et tout ça, cette grande tragédie du petit

---

2. **Édifiant** : qui prêche la vertu.
3. **Ruaient dans les brancards** : protestaient.

4. **Pieuses** : religieuses.
5. **King et Biggles** : héros de bandes dessinées.

monde, ne se passait pas dans un lointain Paris du dix-neuvième siècle pendant les colossales transformations d'Haussmann[6] ni dans les tranchées de la Berezina[7] pendant les guerres napoléoniennes[8], mais chez moi, dans ma langue à moi, dans ma sensibilité à moi, dans ma compréhension du monde à moi, si insignifiante fût-elle.

J'étais plus que simplement bouleversé par la grande qualité de l'écriture et le sens dramatique de l'auteur, j'étais pâmé[9], reconnaissant de l'existence même d'une œuvre aussi forte écrite dans mon pays, dans mon fond de province, dans ma ville !

La chose était donc possible !

[…]

Je terminai donc la lecture de *Bonheur d'occasion* la nuit suivante, enfermé dans les toilettes, parfois assis sur la lunette[10], parfois étendu dans la baignoire. La fin me bouleversa plus que tout le reste. Les trois hommes de la même famille partant pour la guerre pour les mauvaises raisons ; Florentine, nouvelle mariée malheureuse, entrevoyant son Jean Lévesque, le chien sale, de l'autre côté de la rue et décidant une fois pour toutes de ne plus courir après lui ; Rose-Anna donnant naissance à un pauvre petit condamné dont le sort ne serait pas différent de celui des autres membres de sa famille, cette noirceur pesante de la tragédie ouvrière élevée à la hauteur des grandes tragédies européennes par l'immense talent de Gabrielle Roy, tout ça, le malheur d'un côté, le talent pour le raconter de l'autre, me remuait jusqu'au fond de l'âme, et je passai une partie de la nuit à pleurer. Sur le sort de la famille Lacasse, bien sûr. Mais, pour la première fois de ma vie, sur notre sort collectif de petit peuple perdu d'avance, abandonné, oublié dans l'indifférence générale, noyé dans la Grande Histoire des autres et dont on ne se rappelait que lorsqu'on avait besoin de chair à canon.

[…]

Mais je n'ai pas vu le soleil se lever sur le rocher percé, ce matin-là ; je dormais profondément, les deux volumes de *Bonheur d'occasion* serrés contre moi. J'avais trouvé la première idole de ma vie issue de mon propre pays et aucun paysage, fût-il le plus grandiose du monde, ne pouvait rivaliser avec l'impression de bien-être que je ressentais.

Michel Tremblay, *Un ange cornu avec des ailes de tôle*,
Leméac/Actes Sud, 1994, p. 152-164.

● ● ●

6. **Haussmann** : préfet qui a contribué aux travaux de transformation de Paris.
7. **Berezina** : rivière de Biélorussie.
8. **Guerres napoléoniennes** : guerres menées en Europe par Napoléon Ier, de 1799 à 1815.
9. **Pâmé** : en extase.
10. **Lunette** : siège des toilettes.

Mieux COMPRENDRE le texte

❶ Donnez le sens contextuel des mots soulignés.

a) Maman «parlait d'une famille Lacasse, de Saint-Henri, [...] de la <u>conscription</u>» (l. 9-10):

_____

b) «Elle parlait d'une grande histoire d'amour interrompue par la guerre et par la <u>couardise</u> du jeune homme» (l. 14-15):

_____

c) «je <u>côtoyais</u> des êtres qui me ressemblaient» (l. 47):

_____

d) «je <u>scrutais</u> les longues descriptions des états d'âme des personnages» (l. 58-59):

_____

e) «_Bonheur d'occasion_ était donc un livre _<u>athée</u>_» (l. 55):

_____

❷ L'expression «chair à canon» est utilisée plusieurs fois dans le texte. Expliquez-en le sens dans vos mots.

_____

_____

❸ Le narrateur fait une description des volumes (l. 3-6) dans laquelle il utilise plusieurs adjectifs. Quelle valeur peut-on attribuer à ces adjectifs et pourquoi le narrateur les utilise-t-il?

_____

_____

❹ Quel verbe, utilisé à deux reprises, montre combien la mère du narrateur et lui-même se sont réellement attachés au roman de Gabrielle Roy?

_____

_____

❺ Les trois expressions suivantes contiennent la même erreur de structure. Relevez cette erreur et expliquez pourquoi le narrateur emploie un autre niveau de langue que celui du style correct.

- «C'est pas de ton âge!» (l. 56)
- «C'est ça, la vie, la vrai vie, y'a pas d'explications à l'injustice [...]» (l. 64)
- «Le bon Dieu va pas apparaître comme Superman [...]» (l. 65)

_____

_____

_____

_____

Vers la
RÉDACTION

p. 38-44

Exercice 1 Le texte qui suit donne une réponse structurée à la question de compréhension posée. À l'aide de la grille présentée à la page 44, évaluez cette réponse en cochant les énoncés respectés. Assurez-vous aussi de laisser les traces demandées sur la réponse.

> *Comment le narrateur présente-t-il, dans ce texte,*
> *les problèmes de la vie quotidienne de son époque ?*

Le narrateur présente les problèmes de la vie quotidienne de son époque à travers les réflexions que suscitent ses lectures. En effet, par le biais de *Bonheur d'occasion*, il aborde les problèmes liés à la guerre. Il fait état de la «conscription» (l. 10) qui décimait les familles alors que tous les hommes qui en avaient l'âge allaient servir «de chair à canon pendant le débarquement» (l. 20). Les chances de revenir vivant étaient minces et, pour ceux qui restaient, la vie n'était pas facile. C'était «la petite misère [pour les] Canadiens français pendant la guerre» (l. 20-21). En somme, le narrateur saisit le prétexte de la lecture de *Bonheur d'occasion* pour dénoncer les conditions difficiles engendrées par la guerre.

Exercice 2 Quelle est la conclusion de votre évaluation ?

_____

La
RÉDACTION

Utilisez la procédure de la page 39 pour répondre de manière structurée aux questions de compréhension suivantes.

1 *Comment le narrateur marque-t-il la différence entre les œuvres québécoises et les œuvres françaises ?*

_____
_____
_____
_____
_____
_____
_____
_____
_____
_____
_____
_____
_____

❷ *En quoi le roman Bonheur d'occasion trouble-t-il le narrateur?*

_____
_____
_____
_____
_____
_____
_____
_____
_____
_____
_____
_____
_____

❸ *Pour quelle raison le roman Bonheur d'occasion est-il important pour le narrateur?*

_____
_____
_____
_____
_____
_____
_____
_____
_____
_____
_____
_____
_____
_____
_____
_____
_____

↳ **RETOUR SUR LA RÉDACTION**

▶ Après avoir rédigé **votre réponse**, évaluez-la à l'aide de **la grille** à **la page 44**.

▶ Appliquez les actions proposées dans **la grille de révision** linguistique à **la page 47** en fonction de vos difficultés.

Comme un ROMAN

DANIEL PENNAC (1944)

Professeur de lettres puis romancier, Daniel Pennac connaît la notoriété avec la saga des Malaussène, racontée dans des romans pleins d'humour dont l'action rocambolesque se situe à Belleville, un quartier populaire et cosmopolite de Paris. Dans ces romans, le don de conteur de l'auteur est mis en évidence à travers l'imagination débridée du personnage central, Benjamin Malaussène. Tous les soirs, celui-ci raconte aux enfants dont il a la charge une histoire inspirée par des événements qui lui sont arrivés. Cette situation est également présente dans l'essai *Comme un roman* où le professeur de lettres et le romancier se confondent. L'écrivain énonce «les droits imprescriptibles du lecteur», mais réfléchit également à la meilleure façon de (re)donner le goût de la lecture à ses élèves.

S oit une classe adolescente, d'environ trente-cinq élèves. Oh! pas de ces élèves soigneusement calibrés[1] pour franchir vite-vite les hauts portiques des grandes écoles, non, les *autres*, ceux qui se sont fait renvoyer des lycées[2] du centre-ville parce que leur bulletin ne promettait pas de mention au bac, voire pas de bac du tout.

5　C'est le début de l'année.

Ils ont échoué ici.

Dans cette école-ci.

Devant ce professeur-là.

«Échoué» est le mot. Rejetés sur la rive, quand leurs copains d'hier ont pris le large
10　à bord de lycées-paquebots en partance pour les grandes «carrières». Épaves abandonnées par la marée scolaire. C'est ainsi qu'ils se décrivent eux-mêmes dans la traditionnelle fiche de la rentrée :

Nom, prénom, date de naissance…

Renseignements divers :

15　*«J'ai toujours été nul en math»*… *«Les langues ne m'intéressent pas»*… *«Je n'arrive pas à me concentrer»*… *«Je ne suis pas bon pour écrire»*… *«Il y a trop de vocabulaire dans les livres»* (sic! Eh! oui, sic!)… […] *«J'ai toujours eu zéro en orthographe»*… *«En histoire, ça irait, mais je retiens pas les dates»*… […] *«Je n'arrive pas à comprendre»*… […] *«Je n'ai pas de mémoire»*… *«Je manque de bases»*… *«Je n'ai pas d'idées»*… *«J'ai pas les mots»*…

20　Finis…

C'est ainsi qu'ils se représentent.

Finis avant d'avoir commencé.

---

1. **Calibrés** : formés.
2. **Lycées** : établissements publics d'enseignement qui correspondent aux cégeps.

Bien sûr, ils forcent un peu le trait. C'est le genre qui veut ça. La fiche individuelle, comme le journal intime, tient de l'autocritique : on s'y noircit d'instinct. Et puis, à
25 s'accuser tous azimuts, on se met à l'abri de bien des exigences. L'école leur aura au moins appris cela : le confort de la fatalité. Rien de tranquillisant comme un zéro perpétuel en math ou en orthographe : en excluant l'éventualité d'un progrès, il supprime les inconvénients de l'effort. Et l'aveu que les livres contiennent «trop de vocabulaire», qui sait ? vous mettra peut-être à l'abri de la lecture…
30   Pourtant, ce portrait que ces adolescents font d'eux-mêmes n'est pas ressemblant : ils n'ont pas la tête du cancre[3] à front bas et menton cubique qu'imaginerait un mauvais cinéaste en lisant leurs télégrammes autobiographiques.
   Non, ils ont la tête multiple de leur époque : banane[4] et santiags[5] pour le rocker de service, Burlington et Chevignon[6] pour le rêveur de la fringue, perfecto[7] pour le motard
35 sans moto, cheveux longs ou brosse rêche selon les tendances familiales… Cette fille, là-bas, flotte dans la chemise de son père qui bat les genoux déchirés de son jean, cette autre s'est fait la silhouette noire d'une veuve sicilienne («ce monde ne me concerne plus»), quand sa blonde voisine, au contraire, a tout misé sur l'esthétique : corps d'affiche et tête de couverture soigneusement glacée.
    […]
40   Et, bien entendu, on n'aime pas lire. Trop de vocabulaire dans les livres. Trop de pages, aussi. Pour tout dire, trop de livres.
   Non, décidément, on n'aime pas lire.
   C'est du moins ce qu'indique la forêt des doigts levés quand le prof pose la question :
   — Qui n'aime pas lire ?
45   Une certaine provocation, même, dans cette quasi-unanimité. Quant aux rares doigts qui ne se lèvent pas (entre autres celui de la Veuve sicilienne), c'est par indifférence résolue à la question posée.
   — Bon, dit le prof, puisque vous n'aimez pas lire… c'est moi qui vous lirai des livres.
   Sans transition, il ouvre son cartable et en sort un bouquin gros comme ça, un truc
50 cubique, vraiment énorme, à couverture glacée. Ce qu'on peut imaginer de plus impressionnant en matière de livre.
   — Vous y êtes ?
   Ils n'en croient ni leurs yeux ni leurs oreilles. Ce type va leur lire tout ça ? Mais on va y passer l'année !
    […]
55   «*Au dix-huitième siècle vécut en France un homme qui compta parmi les personnages les plus géniaux et les plus abominables de cette époque qui pourtant ne manqua pas de génies abominables…* »
   Cher Monsieur Süskind, merci ! Vos pages exhalent un fumet qui dilate les narines et les rates. Jamais votre *Parfum* n'eut lecteurs plus enthousiastes que ces trente-cinq-là, si
60 peu disposés à vous lire. Passé les dix premières minutes, je vous prie de croire que la jeune Veuve sicilienne vous trouvait tout à fait de son âge. C'était même touchant, toutes ses petites grimaces pour ne pas laisser son rire étouffer votre prose. Burlington ouvrait des yeux comme des oreilles, et «chut ! bon dieu, la ferme !» dès qu'un de ses copains laissait aller son hilarité[8]. […]

---

3. **Cancre** : très mauvais élève.
4. **Banane** : coiffure des rockers, consistant en une épaisse mèche enroulée au-dessus du front.
5. **Santiags** : bottes de cuir de style américain.
6. **Burlington et Chevignon** : boutiques de vêtements de prêt-à-porter au style décontracté.
7. **Perfecto** : coupe s'inspirant des blousons destinés aux troupes allemandes motorisées.
8. **Hilarité** : explosion de rires.

65 Il ne s'est rien passé de miraculeux, pourtant. Le mérite du professeur est à peu près nul dans cette affaire. C'est que le plaisir de lire était tout proche, séquestré dans ces greniers adolescents par une peur secrète : la peur (très, très ancienne) de ne pas *comprendre*.

On avait tout simplement oublié ce qu'était un livre, ce qu'il avait à offrir. On avait oublié, par exemple, qu'un roman *raconte d'abord une histoire*. On ne savait pas qu'un roman
70 doit être lu comme un roman : étancher *d'abord* notre soif de récit.

Pour assouvir cette fringale, on s'en était remis depuis longtemps au petit écran, qui faisait son boulot à la chaîne, enfilant dessins animés, séries, feuilletons et thrillers en un collier sans fin de stéréotypes interchangeables : notre ration de fiction. Ça remplit la tête comme on se bourre le ventre, ça rassasie, mais ça ne tient pas au corps. Digestion
75 immédiate. On se sent aussi seul après qu'avant.

Avec la lecture publique du *Parfum*, on s'est trouvé devant Süskind : une histoire, certes, un beau récit, drôle et baroque, mais une *voix* aussi, celle de Süskind (plus tard, dans une dissertation, on appellera ça un «style»). Une histoire, oui, mais racontée par quelqu'un.
80 — Incroyable, ce début, monsieur : «*les chambres puaient… les gens puaient… les rivières puaient, les places puaient, les églises puaient… le roi puait…*» nous à qui on interdit les répétitions ! C'est beau, pourtant, hein ? C'est marrant, mais c'est beau, aussi, non ?

Oui, le charme du style ajoute au bonheur du récit. La dernière page tournée, c'est l'écho de cette voix qui nous tient compagnie.

Daniel Pennac, *Comme un roman*, Paris,
© Éditions Gallimard, 1992, p. 105-118.

● ● ●

Mieux
COMPRENDRE le texte

❶ **Donnez le sens contextuel des mots suivants.**

a) «voire pas de bac du tout» (l. 4) :

• _____

• _____

b) «s'accuser tous azimuts» (l. 25) :

_____

c) «étouffer votre prose» (l. 62) :

_____

❷ **Que signifie l'expression «se dilater la rate»?**

_____

_____

_____

_____

❸ **Justifiez l'emploi de l'italique dans le passage «les *autres*, ceux qui se sont fait renvoyer des lycées» (l. 3).**

_____

_____

4 Quel est le champ lexical prédominant des lignes 9 à 11?

_____
_____
_____
_____

➔ Vers la RÉDACTION

p. 38-44

Exercice 1 Voici une question de compréhension et la réponse proposée. À l'aide d'un trait, séparez chacune des composantes qui forment la réponse à cette question. Indiquez ensuite de quelle composante il s'agit.

> *Selon l'auteur, en quoi le «confort de la fatalité» (l. 26) peut-il être rassurant pour un élève?*

Selon l'auteur, le confort de la fatalité peut être rassurant pour les élèves puisqu'il leur permet de ne pas avoir à s'améliorer. Ainsi, en traçant un portrait défavorable d'eux-mêmes dans leur fiche individuelle, ils s'évitent d'avoir à modifier leur comportement. Ils se mettent «à l'abri de bien des exigences» (l. 25), c'est-à-dire à l'abri des efforts qu'un enseignant souhaite leur voir fournir ou de la déception qui accompagne un échec. De cette manière, les élèves se préservent d'un éventuel découragement.

Exercice 2 Encadrez les organisateurs textuels de l'idée secondaire et de la conclusion de l'exercice 1.

◯ La RÉDACTION

Utilisez la procédure de la page 39 pour répondre de manière structurée aux questions de compréhension suivantes.

1 *Pourquoi les élèves croient-ils qu'ils vont «passer l'année» (l. 54) à se faire lire le roman par leur professeur?*

_____
_____
_____
_____
_____
_____
_____
_____

❷ *Pour quelle raison les élèves n'aiment-ils pas lire?*

_____

_____

_____

_____

_____

_____

_____

_____

❸ *Quelle impression laisse la lecture du Parfum aux élèves de la classe? Justifiez votre réponse à partir du passage «Cher Monsieur Süskind, merci!» jusqu'à «son hilarité» (l. 58-64).*

_____

_____

_____

_____

_____

_____

_____

❹ *Selon l'auteur, quel devrait être le premier but de la lecture?*

_____

_____

_____

_____

_____

_____

_____

_____

_____

_____

↳ **RETOUR SUR LA RÉDACTION**

▸ Après avoir rédigé **votre réponse**, évaluez-la à l'aide de **la grille** à **la page 44**.

▸ Appliquez les actions proposées dans **la grille de révision** linguistique à **la page 47** en fonction de vos difficultés.

RÉPONDRE À UNE QUESTION DE COMPRÉHENSION
Les composantes

Voici les différents éléments qui composent la réponse structurée à une question de compréhension ainsi que l'ordre dans lequel ils apparaissent.

▶ **L'idée principale.** Elle apparait dès la première phrase d'une réponse. Elle est en rapport avec la question posée. Elle reprend les mots clés de la question et donne une brève réponse.

▶ **L'idée secondaire.** Elle donne l'aspect particulier choisi pour préciser l'idée principale.

▶ **L'illustration.** Elle est l'exemple choisi, qui doit avoir toute la pertinence voulue pour soutenir l'idée secondaire. Il est possible d'ajouter un second exemple à condition qu'il apporte un éclairage nouveau. Autrement, on s'en dispensera pour ne pas surcharger inutilement la réponse.

> **Note :** L'illustration peut être une citation (mots pris directement de l'extrait avec ou sans modifications entre crochets et avec les guillemets) ou un exemple (reprise/reformulation d'un passage, sans les guillemets). Dans les deux cas, il faut indiquer la source entre parenthèses.

▶ **Le commentaire (explication).** Il ajoute du sens à l'idée secondaire. Il permet de faire comprendre au lecteur pourquoi l'illustration choisie est en lien avec l'idée secondaire. On peut placer le commentaire avant l'exemple si cela convient mieux. Le commentaire provient toujours du rédacteur, jamais de l'extrait.

Vous pouvez illustrer et commenter plus d'une fois à l'intérieur de l'idée que vous développez. L'important est d'assurer la fluidité et la cohérence du texte. Toutefois, les illustrations doivent servir la même idée secondaire. Au lieu de les mettre côte à côte, intercaler les commentaires entre les illustrations donne une analyse plus raffinée.

> **Note :** Il est préférable d'utiliser les procédés d'écriture (voir p. 84-85) qui permettent de faire le lien entre l'illustration et l'idée secondaire (figures de style, ponctuation, etc.). Il faut interpréter les procédés relevés, sinon il ne sert à rien de les présenter.

▶ **La phrase de rappel (conclusion).** Il s'agit de faire une brève conclusion pour indiquer que la réponse est complète.

RÉPONDRE À UNE QUESTION DE COMPRÉHENSION
La procédure

▶ **Le travail préparatoire**

1° Comprendre la question. Encadrer les mots clés. (Chercher certains mots dans le dictionnaire au besoin.)
Que me demande-t-on ? Que dois-je chercher ?

2° Surligner, dans l'extrait, les citations qui pourraient servir à répondre à la question posée.
Quelles parties du texte répondent à la question posée ?

3° Formuler, à partir des citations surlignées, les idées secondaires (ou les concepts) dans la marge de l'extrait.
Qu'est-ce que je comprends de la citation ? Qu'est-ce que j'en déduis ?

4° Choisir l'idée secondaire qui semble la plus facile à développer.
Quelle idée secondaire semble la meilleure ? Suis-je en mesure de bien l'illustrer et de bien la commenter ?

p. 42-43 ▶ **La réponse**

5° Formuler **l'idée principale** en reprenant les mots de la question et en y répondant brièvement.

p. VIII **6°** Insérer **un organisateur textuel** pour amener **l'idée secondaire**. Cette idée est l'élément qui servira à développer la réponse. Il s'agit d'un aspect particulier qui apporte une précision à l'idée principale.

7° Amener **l'illustration**. Vous pouvez commencer avec vos mots, puis faire suivre la citation. Ne pas oublier les guillemets, les crochets (s'il y a lieu, quand on enlève une partie de la citation ou qu'on la modifie) et la référence.

8° Rédiger **le commentaire** (ou explication). Faire le lien entre la citation et l'idée secondaire. Il faut expliquer pourquoi la citation est pertinente et pourquoi elle appuie bien l'idée secondaire. Il faut toujours supposer que le lecteur ne comprend pas pourquoi votre citation est bonne par rapport à l'idée secondaire. Éviter de répéter les mots déjà utilisés dans l'idée principale, dans l'idée secondaire ou dans la citation (à moins de les faire ressortir).

9° Insérer un organisateur textuel. Formuler **la phrase de rappel** (ou conclusion) en une seule phrase. Ainsi, vous signifiez au lecteur que vous avez terminé votre travail. Il s'agit de faire une synthèse.

••• RÉPONDRE À UNE QUESTION DE COMPRÉHENSION

••• Les « trucs » à retenir

▶ **Voici quelques « trucs » pratiques à privilégier :**

1 Illustrer avant de commenter

Si l'illustration suit immédiatement l'idée secondaire, vous avez automatiquement tous les éléments nécessaires sous les yeux pour commenter.

2 S'interroger sur le choix de la citation

Posez-vous les questions suivantes : *Pourquoi ai-je choisi cette citation ? Quels sont les mots ou les expressions qui ont favorisé ce choix ? Quel lien y a-t-il entre la citation et l'idée secondaire ?*

3 Scruter les éléments de la citation

Regardez attentivement le style de l'auteur. Si des éléments formels (voir Module 4, p. 84-85) sont présents, le commentaire sera beaucoup plus intéressant et montrera vos diverses connaissances de la langue française et des procédés d'écriture.

4 Consulter le dictionnaire

Le dictionnaire est un outil indispensable. Si vous avez de la difficulté à trouver les mots justes, une recherche vous permettra d'élargir votre lexique.

▶ **Voici certaines erreurs à éviter lorsque vous rédigez le commentaire :**

- Commenter sans tenir compte de la citation ;

- Inventer une nouvelle idée secondaire ;

- Répéter les mots de la citation ;

- Répéter les mots de l'idée secondaire ;

- Reprendre les mots de l'idée principale ;

- Faire un commentaire d'ordre général sans lien avec la citation ou l'idée secondaire ;

- Donner la définition du dictionnaire pour un mot de la citation sans toutefois la contextualiser ;

- Croire que l'exemple (illustration sans les guillemets) prend la place du commentaire ;

- Ne pas tenir compte des mots les plus importants de la citation.

On peut illustrer une idée à l'aide d'un passage tiré du texte à l'étude. Il est préférable cependant de faire de courtes citations, car il ne faut pas perdre de vue que la citation vient appuyer les explications données dans le texte et non les remplacer.

Quelques règles concernant les citations :

1 Il faut distinguer les citations introduites des citations intégrées.

   a) La **citation introduite** est constituée d'au moins une phrase tirée du texte qui est introduite par une phrase complète. Le deux-points joint les deux phrases syntaxiques indépendantes.

   La femme revient sur sa fâcheuse situation : « Mon père m'a bien sacrifiée en me donnant à ce paysan » (l. 44).

   b) La **citation intégrée** est une phrase complète, un mot ou un groupe de mots tirés du texte qui doit s'intégrer dans une phrase correcte.

   La femme revient sur sa fâcheuse situation, car « [son] père [l']a bien sacrifiée en [la] donnant à ce paysan » (l. 44).

2 Il faut toujours encadrer la citation de guillemets « », qu'il s'agisse d'une citation intégrée ou introduite.

   Il conclut donc « qu'il avait fait une mauvaise affaire » (l. 24) en se mariant.

3 Après la citation, on indique entre parenthèses la ligne où est situé le passage cité.

   Elle a confiance qu'elle peut « très bien se tirer d'affaire » (l. 10).

4 Toute modification apportée à une citation (par exemple, la modification d'un temps, d'un pronom, etc.) doit être indiquée par l'utilisation de crochets [ ].

   Par la suite, à deux reprises, « elle [va] voir dans la rue si son mari ne rentr[e] pas » (l. 6-7).

5 On utilise des points de suspension entre crochets [...] pour indiquer qu'on a supprimé des mots dans le passage cité.

   Le renard, rusé, « prend les devants pour les duper [...] [en] faisant le mort » (l. 25-26).

RÉPONDRE À UNE QUESTION DE COMPRÉHENSION

Le modèle : *Le dit des perdrix*

Travail préparatoire à partir de la question et du texte	
1° Souligner les mots clés dans la question. Au besoin, chercher certains mots dans le dictionnaire.	<u>Pourquoi</u> la <u>femme succombe</u>-t-elle à la <u>tentation</u> de <u>manger</u> les deux <u>perdrix</u> ?
2° Chercher des éléments de réponse dans le texte. Ne pas se limiter à une seule citation. Plusieurs réponses sont possibles.	• « il tardait à revenir, et les perdrix se trouvèrent prêtes » (l. 4). • « Elle alla voir dans la rue si son mari ne rentrait pas ; et, comme elle ne vit rien venir, [...] elle ne fut pas longue à dévorer le reste de la perdrix » (l. 6-8). • « Sa langue, alors, se met à frémir de convoitise : la dame sent qu'elle va devenir enragée, si elle ne mange un tout petit morceau de la seconde perdrix » (l. 13-15).
3° À partir de chaque citation, déduire l'idée (le concept ou l'aspect) qui s'y rattache.	• l. 4 : retard du mari • l. 6-8 : grand appétit • l. 13-15 : goût de la perdrix
4° Choisir l'idée que vous retiendrez pour répondre à la question.	Le goût de la perdrix

Construction de la réponse	
5° Idée principale Formuler la première phrase à l'aide des mots clés de la question et répondre brièvement à la question.	La femme succombe à la tentation de manger les deux perdrix, car elle est très gourmande.
6° Idée secondaire Reprendre l'idée choisie à l'étape 4.	En effet, elle ne peut résister au goût des perdrix.
7° Illustration Reprendre la ou les citations qui appuient cette idée.	À la vue des perdrix cuites, « sa langue, alors, se met à frémir de convoitise : la dame sent qu'elle va devenir enragée, si elle ne mange un tout petit morceau de la seconde perdrix » (l. 13-15).
8° Commentaire Justifier le choix de votre citation en expliquant, dans vos mots, sa pertinence.	Elle est très consciente de sa grande vulnérabilité : le mouvement de la langue de la dame est le signe d'une envie incontrôlable de manger la perdrix. Elle sait à ce moment qu'elle va céder devant ce repas.
9° Conclusion Terminer la réponse à l'aide d'une phrase de rappel.	Finalement, la femme n'hésite pas à manger la perdrix tant convoitée. (86 mots)

RÉPONDRE À UNE QUESTION DE COMPRÉHENSION

Le modèle : *Le vilain mire*

Travail préparatoire à partir de la question et du texte	
1° Souligner les mots clés dans la question. Au besoin, chercher certains mots dans le dictionnaire.	Montrez <u>comment</u> la <u>classe sociale</u> de <u>la femme</u> <u>influence</u> le <u>comportement</u> du <u>vilain</u> envers elle.
2° Chercher des éléments de réponse dans le texte. Ne pas se limiter à une seule citation. Plusieurs réponses sont possibles.	• « un riche paysan » (l. 1). • « il ne fallut pas longtemps au paysan pour penser qu'il avait fait une mauvaise affaire » (l. 23-24). • « une fille de chevalier » (l. 24-25). • « Alors il commença à réfléchir au moyen de préserver sa femme de ces tentations : [...] si je la battais le matin en me levant » (l. 30-31).
3° À partir de chaque citation, déduire l'idée (le concept) qui s'y rattache.	• l. 1 : statut du vilain • l. 23-24 : crainte du paysan • l. 24-25 : statut de la femme • l. 30-31 : solution du paysan
4° Choisir l'idée que vous retiendrez pour répondre à la question.	Statut de l'homme et de la femme

Construction de la réponse	
5° Idée principale → Formuler la première phrase à l'aide des mots clés de la question et répondre brièvement à la question.	La différence de classe sociale qui existe entre le paysan et sa femme explique en grande partie le comportement désagréable de celui-ci. En effet, le vilain, quoique riche, ne fait pas partie de la noblesse. Alors que sa femme est une « fille de chevalier » (l. 25), le vilain craint que les jeunes gens riches ne soient tentés de faire la cour à sa femme. C'est ainsi qu'il cherche un moyen d'empêcher les hommes d'approcher sa femme : c'est en « la batt[ant] le matin en [se] levant » (l. 31) qu'il la rend triste et moins attirante pour les hommes. Bref, craignant que son statut lui fasse perdre sa femme, le paysan en vient à la maltraiter. (119 mots)
6° Idée secondaire → Reprendre l'idée choisie à l'étape 4.	
7° Illustration → Reprendre la ou les citations qui appuient cette idée.	
8° Commentaire → Justifier le choix de votre citation en expliquant, dans vos mots, sa pertinence.	
9° Conclusion → Terminer la réponse à l'aide d'une phrase de rappel.	

PARTIE 1

Théorie

●●● **RÉPONDRE À UNE QUESTION DE COMPRÉHENSION**
●●●
●●● **Grille d'autoévaluation de la réponse structurée**

▶ **L'idée principale**

☐ Les mots importants de la question sont repris.

☐ Une brève réponse est donnée.

▶ **L'idée secondaire**

☐ Un organisateur textuel précède l'idée secondaire. **Encadrez-le.**

☐ L'idée secondaire est présente. **Soulignez-la.**

☐ L'idée secondaire présente l'aspect choisi pour développer la réponse ou l'idée principale.

▶ **L'illustration**

☐ Il y a des éléments provenant de l'extrait dans la réponse.

☐ La citation est introduite à l'aide d'un deux-points ou elle est intégrée à même la syntaxe de la phrase.

☐ Les citations contiennent des mots pertinents et essentiels pour justifier l'idée secondaire. **Surlignez-les.**

☐ Les guillemets, les crochets (s'il y a des modifications) et les références sont bien présents.

▶ **Le commentaire**

☐ Le commentaire fait bien le lien entre la citation choisie et l'idée secondaire.

☐ Le commentaire ne provient pas de l'extrait.

☐ Le commentaire ne reprend pas les mots déjà utilisés dans la citation et l'idée secondaire (sauf s'il y a reprise volontaire de mots de la citation pour en expliquer le sens).

☐ Le commentaire n'apporte aucune nouvelle illustration.

☐ Le commentaire ne comporte pas de jugement ou d'extrapolation hors contexte.

▶ **La conclusion**

☐ Un organisateur textuel précède la conclusion. **Encadrez-le.**

☐ La conclusion n'apporte aucune nouvelle information.

☐ La conclusion ne comporte aucune citation ou collage de parties de la réponse.

☐ La conclusion fait une synthèse de la réponse.

RÉSUMER UN TEXTE
Les composantes

Le résumé est la reformulation d'un texte en moins de mots. Il est toutefois important que les phrases soient reliées à l'aide de transitions pour préserver la fluidité du texte.

C'est souvent par le résumé que l'enseignant peut vérifier votre compréhension du texte. Si vous ciblez et reformulez les idées essentielles, vous démontrez que vous avez compris le texte.

Certains éléments doivent être pris en considération lorsque vous rédigez un résumé :

- **La longueur :** il faut tenir compte du nombre de mots imposé (de 80 à 110 mots ou selon la demande) ;

- **La cohérence :** il faut respecter le fil conducteur du texte ;

- **La justesse :** il faut rester fidèle au propos de l'auteur et respecter son point de vue en adoptant le système d'énonciation du texte ;

- **L'objectivité :** aucun commentaire personnel n'est permis ;

- **La pertinence :** les idées sont choisies en fonction de leur importance et non en fonction de votre intérêt ;

- **La concision :** pour mettre en évidence l'essentiel du texte, il faut privilégier des tournures brèves et choisir des mots riches de sens.

RÉSUMER UN TEXTE
La procédure

▶ **Deux techniques sont possibles :**

- Voici une **technique efficace** qui consiste à **diviser le texte en parties**. Si le texte comporte déjà des paragraphes, il s'agit alors de lire chaque paragraphe et d'en reformuler l'idée qui ressort.

  Si, toutefois, le texte comporte plusieurs paragraphes courts, il faut alors effectuer des regroupements entre ceux-ci et, par la suite, reformuler le propos de chaque regroupement.

  Quant aux textes qui comportent du dialogue, il faut alors être attentif aux interlocuteurs, aux situations, etc., afin d'être en mesure de bien couper les parties du texte.

- **Une autre technique** consiste à **trouver les idées essentielles**. Il s'agit d'abord de surligner les phrases essentielles du texte. Ensuite, vous reformulez ces idées dans vos mots tout en assurant une cohérence entre les phrases.

  Il faut cependant être prudent avec cette technique et éviter le surlignement trop abondant qui ne permettrait pas de cibler l'essentiel. Parallèlement, il faut faire attention à ne pas effectuer un simple collage des phrases surlignées.

  Si vous avez tendance à reprendre les mots parce qu'ils sont surlignés, alors il vaut mieux privilégier la première technique.

PARTIE **1**

RÉSUMER UN TEXTE
Les «trucs» à retenir

▶ **Peu importe la technique privilégiée, il faut :**

- Respecter le fil conducteur ou l'idée directrice ;
- Être fidèle au propos de l'auteur ;
- Suivre la chronologie des événements (résumer au fur et à mesure) ;
- Respecter le nombre de mots demandé ;
- Demeurer objectif et neutre ;
- Écrire au présent rend le résumé plus intéressant et il y aura moins d'erreurs dans l'harmonisation des temps et des modes des verbes ;
- Reformuler de manière juste à l'aide de tournures brèves et de mots riches de sens ;
- S'assurer de la clarté et de la cohérence du résumé.

▶ **Il faut éviter :**

- De faire un collage de citations ou de ne changer que quelques mots ;
- D'inclure des citations ou des exemples ;
- De commenter ou de juger ;
- D'insérer des détails ;
- De négliger certains éléments essentiels du texte ;
- De négliger les transitions entre les phrases ;
- D'écrire au passé simple, ce qui occasionne de multiples fautes de terminaisons.

RÉSUMER UN TEXTE
Le modèle : *Le dit des perdrix*

Travail préparatoire à partir du texte	
Divisez le texte en parties.	• Lignes 1 à 3 • Lignes 4 à 20 • Lignes 21 à 27 • Lignes 28 à 32 • Lignes 33 à 56 • Lignes 57 à 64

Travail de rédaction du résumé	
Reformulez le propos de chaque partie. Assurez-vous que le texte est fluide et qu'il y a des transitions entre les phrases. Vérifiez aussi que les pronoms de reprise sont adéquats.	Un paysan demande à sa femme d'apprêter les perdrix qu'il a capturées. En l'absence du mari, la femme est incapable de résister à la tentation : elle mange les deux perdrix. Lorsque le vilain est de retour, elle tente de lui faire croire que les chats sont responsables de la perte du gibier. Mais voyant que son mari entre dans une grande colère, elle invente alors un autre mensonge en impliquant le curé, puis son mari. Cette fois l'invention satisfait le mari qui, perplexe, reste sur sa faim. (88 mots)

APPLIQUER UNE MÉTHODE DE RÉVISION LINGUISTIQUE
Grille de révision linguistique

1 Différencier le verbe de l'infinitif ou du participe passé

Dans le doute, remplacez-le par un des temps suivants du verbe *mordre* : imparfait, participe passé ou infinitif.

a) Mordait (ou autre personne) : il s'agit d'un verbe. (Voir ci-dessous l'accord au numéro 2.)

b) Mordu : il s'agit d'un participe passé. (Voir p. 158 de la section *Grammaire*.)

c) Mordre : il s'agit d'un infinitif. Aucun accord possible.

2 L'accord du verbe avec le noyau du groupe sujet (GNs)   p. 160

a) Soulignez les verbes (temps simples) ou les auxiliaires (temps composés).

b) Posez la question traditionnelle *qui est-ce qui ?* ou *qu'est-ce qui ?* avant le verbe.

c) Encadrez le GNs par *c'est... qui* ou *ce sont... qui* pour vérifier votre réponse.

d) Mettez entre crochets le GNs.

e) Au-dessus du noyau du GNs, faites une pronominalisation si le GNs n'est pas déjà un pronom de conjugaison.

f) Faites une flèche du GNs pronominalisé au verbe.

g) Vérifiez que le verbe et le pronom (GNs) ont la même personne et le même nombre.

3 L'accord dans le GN

a) Encadrez les GN.

b) Au-dessus du noyau du GN, indiquez le genre et le nombre du nom.

c) Vérifiez que tous les éléments du GN ont le même genre et le même nombre.

4 Les homophones   p. 165

a) Encerclez les homophones.

b) Indiquez au-dessus de l'homophone un mot qui peut le remplacer ou tout autre truc.

5 Les pronoms de reprise

a) Pour chaque pronom, faites une flèche vers le noyau du GN auquel il fait référence.

b) Vérifiez si le pronom est de la bonne personne, du bon genre et du bon nombre.

6 L'orthographe d'usage

a) Vérifiez l'orthographe des mots dans le dictionnaire.

b) Observez attentivement l'orthographe d'usage.

7 La ponctuation   p. 85

a) Vérifiez l'emploi de la virgule.

- Il n'y a pas de virgule
  - entre le GNs et le GV ;
  - entre le verbe et ses compléments ;
  - entre le verbe et l'attribut.
- Mettre une virgule
  - après le CP placé en tête de phrase ;
  - après un organisateur textuel ;
  - après chaque élément d'une énumération.

b) Vérifiez la ponctuation dans les citations.

- Le deux-points ;
- Les guillemets ;
- Les crochets ;
- Les parenthèses.

BILAN DES APPRENTISSAGES

Répondre à une question de compréhension

! Avant de passer au module 3, il est essentiel que vous sachiez quelles sont les composantes d'une réponse à une question de compréhension et l'ordre dans lequel elles doivent paraitre. Vous devez aussi connaitre la procédure qui vous amène à rédiger une réponse de manière structurée. La procédure, à cette étape, devrait être automatisée. Ces notions sont à la base même de la rédaction du paragraphe.

TF très facilement   **F** facilement   **D** difficilement   **TD** très difficilement

Travail préparatoire à la rédaction	Appréciation
Je sais repérer les mots importants de la question.	
Je sais quand chercher certains termes de la question dans le dictionnaire.	
Je repère les citations qui répondent le mieux à la question.	
Je déduis la bonne idée (aspect ou concept) à partir de la citation.	
Je sais quelle idée secondaire il faut privilégier.	
Je laisse des traces de mon travail : annotations, surlignement, soulignement, etc.	

Rédaction	Appréciation
Je formule toujours l'idée principale à l'aide des mots de la question et je donne une brève réponse.	
Je formule l'idée secondaire directement après l'idée principale.	
Je m'assure que l'idée secondaire est toujours une précision de l'idée principale.	
Je sais comment introduire ou intégrer la citation.	
J'indique les guillemets, les crochets et la source de ma citation.	
Je cible l'essentiel de mes citations afin qu'elles ne soient pas inutilement longues.	
Mon commentaire ou mon explication montre bien que ma citation appuie l'idée secondaire que j'ai formulée.	
Je termine ma réponse à l'aide d'une phrase de rappel (conclusion).	
J'ajoute des organisateurs textuels dans ma réponse.	

Quels sont mes points forts ?

_____

_____

Que dois-je réviser ou retravailler afin d'améliorer ma compétence à rédiger une réponse à des questions de compréhension ?

_____

_____

_____

●●● BILAN DES APPRENTISSAGES
●●● Résumer un texte

! Dans les prochains modules, vous aurez encore à rédiger des résumés, à découper les extraits, à identifier les parties du texte, etc. Assurez-vous de bien maitriser la notion du résumé avant d'aborder le module 3.

TF très facilement   **F** facilement   **D** difficilement   **TD** très difficilement

Aspects à traiter	Appréciation
Je respecte l'idée maitresse du texte.	
Je présente les événements dans l'ordre chronologique.	
Je reformule clairement les idées essentielles.	
J'évite les détails inutiles.	
J'évite d'inclure des citations.	
J'évite de faire un collage de citations ou d'idées essentielles en en changeant seulement quelques mots.	
Je rédige au présent. Je respecte la concordance des temps.	
J'enchaine correctement mes phrases à l'aide de transitions.	
Je demeure objectif et neutre dans la reformulation (3ᵉ personne ou forme impersonnelle).	
Je respecte le nombre de mots demandé.	
J'évite les répétitions et je choisis des pronoms de reprise adéquats.	

Quels sont mes points forts ?

_____

_____

_____

_____

_____

_____

Que dois-je réviser ou retravailler afin d'améliorer ma compétence à rédiger des résumés ?

_____

_____

_____

_____

_____

_____

●●● BILAN DES APPRENTISSAGES

Appliquer une méthode de révision linguistique

> **!** Avant de passer au module 3, reportez vos observations à la page 88 de la partie 2.

> **TF** très facilement   **F** facilement   **D** difficilement   **TD** très difficilement

Cochez les actions que vous avez privilégiées lors de la révision linguistique de vos réponses structurées des modules 1 et 2.	Ces actions sont-elles maitrisées ?
☐ Différencier le verbe conjugué de l'infinitif ou du participe passé.	
☐ Accorder le verbe avec son GNs.	
☐ Accorder le participe passé.	
☐ Accorder les mots dans le GN.	
☐ Écrire les homophones correctement.	
☐ Choisir les bons pronoms de reprise.	
☐ Vérifier l'orthographe d'usage dans le dictionnaire.	
☐ Ponctuer correctement.	

Quelles sont les notions linguistiques que je dois travailler avant d'entreprendre le module 3 ?

_____

_____

_____

_____

_____

_____

_____

_____

_____

_____

_____

_____

_____

_____

_____

_____

_____

PARTIE 2:

Objectifs des modules 3 et 4

Rédiger un paragraphe structuré

Théorie

Développer une méthode de révision linguistique

Théorie

Bilan des apprentissages des modules 3 et 4

MODULE 3
L'INCONNU

CHRYSTINE BROUILLET (1958)

Chrystine Brouillet est née à Loretteville, près de Québec. En 1982, un an après un baccalauréat en littérature à l'Université Laval, elle fait paraître son premier livre, *Chère voisine*. Très vite, ses romans lui gagnent un vaste public, jeunes et adultes confondus. Cette spécialiste du roman policier n'hésite pas à interroger des experts ou à se documenter pour bâtir des enquêtes sérieuses. Cela donne au récit une crédibilité qui explique probablement le succès de *Maud Graham*, une série qui compte douze titres. Auteure inventive et disciplinée, Chrystine Brouillet réussit l'exploit de publier un livre par an depuis la parution de son premier roman !

Dans *Chère voisine*, Louise, le personnage principal, apprend qu'un meurtre s'est produit dans le quartier. À la fin de la journée, Louise quitte son travail obsédée par l'idée que l'assassin rôde toujours.

Chère
VOISINE

THÈME DU PASSAGE PEUR EXTRÊME

Quand Louise rentra chez elle, le crépuscule lui parut menaçant. Il est rare qu'on pense au crépuscule, en septembre, quand l'air sent les feuilles fumées et la fraîcheur des nuits prochaines. On pense que les jours raccourcissent, que ce sera bientôt l'hiver, mais on ne pense jamais précisément au crépuscule. C'est pourtant
5 à lui que Louise songeait. Parce que le ciel était cramoisi, on aurait dit qu'il narguait les femmes, toutes les femmes du quartier angoisseraient, ce soir-là, de rentrer chez elles.

Louise avait peur. Et d'autant plus que ça ne lui arrivait jamais. Elle était généralement très sûre, mais ce soir-là… Elle marchait beaucoup plus vite que le matin en sens inverse. Un pas rapide, décidé. Pas précipité, il ne fallait pas montrer qu'elle avait peur. Montrer
10 à qui ? Elle n'aurait pu dire, c'était confus[1] comme impression, mais elle pensait que c'était mieux de paraître sûre d'elle. Plus elle s'efforçait d'être calme, plus elle s'entendait respirer. Il lui semblait que le monde entier l'entendait respirer. Qu'est-ce que ça pouvait être difficile d'avoir l'air ordinaire ! Qu'elle était idiote d'avoir peur comme ça ! Mais elle n'arrivait pas à rire de ses peurs. C'est qu'elle n'avait pas envie de mourir ! Elle ne
15 voulait pas mourir. Alors elle marchait encore plus vite, oubliant ses résolutions d'allure décontractée. Puis elle ralentit de nouveau. Elle vit un homme, de l'autre côté de la rue, à quelques maisons derrière elle. Il était grand, avait les cheveux noirs et les mains dans ses poches. Louise ne respirait plus du tout. Elle était à quelques mètres de chez elle, ce serait trop bête. Mais elle ne bougeait pas. Elle se rappelait les histoires de serpents qui

---

1. **Confus** : flou, indéfinissable.

20 hypnotisent et elle trouvait idiot de penser à ça au lieu de courir, mais elle ne courait pas. Elle étouffait à force de ne pas respirer. Elle voyait l'homme s'avancer. Elle se voyait immobile et l'homme qui avançait toujours, de l'autre côté de la rue, qui la dépassait, marchait devant elle, et prenait une autre rue. Elle ne voyait plus l'homme depuis quelques minutes quand elle se mit à pleurer. Elle haletait[2], s'étranglait dans ses sanglots,
25 elle n'en pouvait plus d'avoir peur. C'est terrifiant d'avoir peur.

Chrystine Brouillet, *Chère voisine*, Montréal, © Éditions Typo, 1993, p. 16–17.

_____

2. **Haletait**: respirait à un rythme précipité.   ● ● ●

Mieux COMPRENDRE le texte

1 Donnez le sens contextuel des mots soulignés.

a) «le crépuscule lui parut menaçant» (l. 1):

le ciel

b) «le ciel était cramoisi, on aurait dit qu'il narguait les femmes» (l. 5-6):

• *noir*

• *riait*

c) «allure décontractée» (l. 15-16):

à l'aise

2 Expliquez l'utilisation des points d'exclamation dans les phrases suivantes: «Qu'est-ce ça pouvait être difficile d'avoir l'air ordinaire! Qu'elle était idiote d'avoir peur comme ça! [...] C'est qu'elle n'avait pas envie de mourir!» (l. 12-14).

Cela représente mieux comment l'auteur l'aurait à voix haute

3 Pourquoi Louise pense-t-elle aux «histoires de serpents qui hypnotisent» (l. 19-20)?

_____

_____

_____

Vers la RÉDACTION

p. 82-87

Exercice 1 À partir du sujet suivant, faites le plan du paragraphe qui pourrait être développé.

Expliquez les circonstances qui accentuent la peur de Louise.

Idée principale: _____

1re idée secondaire: _____

2e idée secondaire: _____

Exercice 2 À partir du sujet suivant, faites le plan du paragraphe qui pourrait être développé.

Montrez que l'état psychologique de Louise contribue à augmenter sa peur.

Idée principale : _____

1re idée secondaire : _____

2e idée secondaire : _____

Exercice 3

a) À partir du sujet et du plan ci-dessous, rédigez un paragraphe d'environ 200 mots. Les numéros de lignes, entre parenthèses, correspondent aux citations qui vous serviront à appuyer chaque idée secondaire.

b) Encerclez et commentez au moins un élément formel dans votre paragraphe.

Montrez comment Louise réagit à la peur.

Idée principale : Louise agit de différentes façons lorsqu'elle a peur.

1re idée secondaire : Elle tente désespérément de cacher sa peur. (l. 8-14)

2e idée secondaire : Lorsque le danger est passé, elle n'a plus aucune retenue. (l. 23-25)

_____
_____
_____
_____
_____
_____
_____
_____
_____
_____
_____
_____
_____
_____
_____
_____
_____
_____
_____
_____

O La RÉDACTION

 p. 82-87

Utilisez la procédure de la page 83 pour rédiger un paragraphe d'environ 200 mots à partir du sujet suivant.

Montrez comment la peur affecte la démarche de Louise.

_____

_____

_____

_____

_____

_____

_____

_____

_____

_____

_____

_____

_____

_____

_____

_____

_____

_____

_____

_____

_____

_____

_____

_____

_____

↳ RETOUR SUR LA RÉDACTION

▶ Après avoir rédigé votre paragraphe, utilisez **la grille d'autoévaluation** à **la page 87**. Apportez les corrections nécessaires en fonction de l'évaluation que vous avez faite.

▶ Utilisez la **méthode de révision et d'autocorrection** que vous avez complétée à **la page 88**. Appliquez les stratégies de révision linguistique que vous avez proposées. Laissez des traces de votre démarche sur le paragraphe. L'utilisation d'un crayon de couleur différente serait préférable.

Écrivain français né à Paris, mais de parents américains, c'est en français que Julien Green a écrit la presque totalité de ses œuvres. Surtout connu comme romancier, il a par ailleurs tenu et publié un journal intime qui s'étend sur plus d'un demi-siècle. Là, comme dans ses romans, il est sensible au mystère du monde et des humains ; personne ne sait comme lui, avec les moyens les plus simples, créer un climat d'où peut surgir l'horreur.

JULIEN GREEN (1900-1998)

JOURNAL

THÈME DU PASSAGE LA PEUR

S ans date — Alors que j'habitais New York, en 1943, il m'est arrivé ceci dont je ne sais trop que penser, dont je ne tire aucune conclusion, mais que je note parce que je l'ai trouvé curieux. Je rentrais chez moi, vers une heure du matin. La nuit était claire et fraîche et j'allais à pied le long de Lexington Avenue qui se trouvait absolument
5 déserte. De loin en loin, des réverbères, je logeais alors dans une maison de la 76ᵉ Rue. À la hauteur de la 65ᵉ, j'entendis marcher derrière moi. C'était un pas égal, plus lourd que le mien, mais qui, si je puis dire, l'emboîtait exactement, sans aucun doute le pas d'un homme. Peut-être une distance de dix mètres nous séparait-elle. Je ne me retournai pas pour m'en assurer. Il me semblait, en effet, que me retourner serait une erreur.
10 Pourquoi? Je n'aurais su le dire. De toute évidence, l'homme avait l'intention de marcher du même pas que moi. Il ne voulait pas me dépasser, il ne voulait pas non plus se laisser distancer. Après tout, il avait le droit de marcher à l'allure qui lui plaisait. J'aurais pu ralentir, pour voir, mais ralentir, c'était reconnaître sa présence, de même que me retourner eût trahi peut-être, à ses yeux, une inquiétude. Nous marchâmes donc dans
15 la solitude de cette longue avenue et peu à peu je sentis grandir en moi une irritation contre cet inconnu que je ne voyais pas. Est-ce qu'il se moquait de moi? À chaque rue transversale, j'espérais qu'il me fausserait compagnie, mais non, il me suivait, c'est cela, il me suivait, et le bruit de nos pas n'en faisait qu'un seul. En tout cas, pensai-je, vers la 70ᵉ Rue, nous allons bientôt nous quitter. Par amour-propre, je m'interdis d'aller plus
20 vite, mais il me tardait d'arriver à la 76ᵉ Rue. Là seulement je me permis de doubler le pas, quand, à ma très grande surprise, j'entendis marcher derrière moi, exactement comme dans Lexington Avenue. Cette fois, il me parut absurde de douter que j'étais suivi et j'avoue humblement que des histoires d'assassinat me revinrent à l'esprit. Je tournai et retournai dans ma main la clef de ma maison. D'un seul coup, j'allais l'enfon-
25 cer dans la petite serrure. Il me semblait déjà faire ce geste. Pour ouvrir et refermer la porte, il ne me faudrait pas deux secondes. En attendant, j'allais toujours d'un pas que j'estimais raisonnable, ni lent ni pressé. Enfin je me trouvai devant cette bienheureuse porte vers laquelle je dus me retenir de faire un bond. La clef tourna dans la serrure, exactement comme je l'avais prévu, sans la moindre hésitation. À ce moment, je sentis
30 l'homme derrière moi. Je ne sais ce qu'un autre eût fait à ma place. Je franchis le seuil

sans me retourner, mais retins la porte d'une main pour laisser entrer l'inconnu à ma
suite, puisqu'il voulait entrer. À bien y réfléchir, j'agissais d'une façon imbécile, mais
d'une part j'avais peur, de l'autre j'étais bien résolu à ne pas le laisser voir. J'atteignis
l'ascenseur dans lequel je pris place avec l'inconnu. Ce fut alors que je le vis. Il était plus
35 grand que moi et carré d'épaules. L'ombre de son chapeau lui posait un masque sur les
yeux. Il avait une mâchoire intraitable, toute de marbre, comme une mâchoire d'empereur
romain. «C'est un fou, pensai-je, je suis enfermé dans cette cabine qui ne mesure pas
deux mètres carrés avec un fou, et un fou athlétique.» Son imperméable de coupe militaire, ses gros souliers me donnèrent le soupçon qu'il était peut-être de la police. «Mais,
40 me dis-je, quelle imprudence de l'avoir laissé entrer! Il se peut aussi que ce soit un
simple cambrioleur. On suit quelqu'un, on s'engouffre avec lui dans l'immeuble. En tout
cas, il est là…» À ce moment, il ouvrit la bouche et me demanda: «Quel étage? —
Troisième.» Il appuya sur le bouton et s'effaça pour me laisser passer quand nous fûmes
à mon étage. Nous nous souhaitâmes bonne nuit et je l'entendis, un instant plus tard,
45 ouvrir sa porte à l'étage supérieur. C'était le locataire d'au-dessus.

Julien Green, «Journal», dans Œuvres complètes, tome IV,
Bibliothèque de La Pléiade, 1975,
p. 1151-1153. © Succession Julien Green.

● ● ●

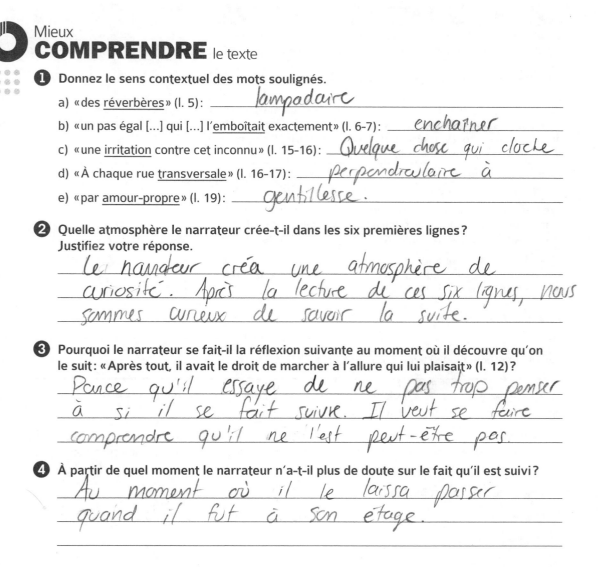

Mieux COMPRENDRE le texte

① **Donnez le sens contextuel des mots soulignés.**

   a) «des <u>réverbères</u>» (l. 5): _lampadaire_

   b) «un pas égal [...] qui [...] l'<u>emboîtait</u> exactement» (l. 6-7): _enchaîner_

   c) «une <u>irritation</u> contre cet inconnu» (l. 15-16): _Quelque chose qui cloche_

   d) «À chaque rue <u>transversale</u>» (l. 16-17): _perpendiculaire à_

   e) «par <u>amour-propre</u>» (l. 19): _gentillesse._

② **Quelle atmosphère le narrateur crée-t-il dans les six premières lignes? Justifiez votre réponse.**

   Le narrateur créa une atmosphère de curiosité. Après la lecture de ces six lignes, nous sommes curieux de savoir la suite.

③ **Pourquoi le narrateur se fait-il la réflexion suivante au moment où il découvre qu'on le suit: «Après tout, il avait le droit de marcher à l'allure qui lui plaisait» (l. 12)?**

   Parce qu'il essaye de ne pas trop penser à si il se fait suivre. Il veut se faire comprendre qu'il ne l'est peut-être pas.

④ **À partir de quel moment le narrateur n'a-t-il plus de doute sur le fait qu'il est suivi?**

   Au moment où il le laissa passer quand il fut à son étage.

Vers la
RÉDACTION

 p. 82-87

Exercice 1 À partir du sujet suivant, donnez deux idées secondaires qui peuvent se rapporter à l'idée principale présentée dans le sujet.

> **Dans l'extrait de Journal, *certains éléments ont contribué à faire vivre une peur extrême au narrateur. Montrez-le.***

Idée principale : _____

1re idée secondaire : _____

2e idée secondaire : _____

Exercice 2

a) Pour chacune des citations proposées, déduisez l'idée secondaire.

> **En vous basant sur le comportement du personnage principal, dressez son portrait psychologique.**

Citation	Idée secondaire
«je m'interdis d'aller plus vite, mais il me tardait d'arriver à la 76e Rue. Là seulement je me permis de doubler le pas» (l. 19-21).	
«des histoires d'assassinat me revinrent à l'esprit» (l. 23).	
«Je tournai et retournai dans ma main la clef de ma maison. D'un seul coup, j'allais l'enfoncer dans la petite serrure. Il me semblait déjà faire ce geste. Pour ouvrir et refermer la porte, il ne me faudrait pas deux secondes» (l. 23-26).	
«Enfin je me trouvai devant cette bienheureuse porte vers laquelle je dus me retenir de faire un bond» (l. 27-28).	
«Je franchis le seuil sans me retourner, mais retins la porte d'une main pour laisser entrer l'inconnu à ma suite, puisqu'il voulait entrer. À bien y réfléchir, j'agissais d'une façon imbécile» (l. 30-32).	
«Il était plus grand que moi et carré d'épaules. [...] Il avait une mâchoire intraitable, toute de marbre, comme une mâchoire d'empereur romain» (l. 34-37).	
«C'est un fou, [...] un fou athlétique» (l. 37-38).	
«quelle imprudence de l'avoir laissé entrer!» (l. 40).	

Si vous avez des idées secondaires similaires, vous pouvez les regrouper. C'est le signe que vous détenez une idée qui sera bien appuyée à l'aide de citations.

b) Rédigez le plan de votre paragraphe à partir de deux idées secondaires que vous aurez choisies. L'idée principale doit être formulée de manière à englober les idées secondaires.

Idée principale : _____

1re idée secondaire : _____

2e idée secondaire : _____

Exercice 3 Le paragraphe ci-dessous est incomplet. Suivez les consignes afin de le compléter.

a) Surlignez les mots importants de la citation.

b) Formulez le commentaire.

Le narrateur se croit en danger. En fait, son imagination l'amène à penser au pire. Pendant qu'il poursuit sa route vers sa demeure, «des histoires d'assassinat [lui] rev[iennent] à l'esprit» (l. 23). Alors que _____

_____

_____

Ensuite, le narrateur exagère la description de l'étranger. Il le présente comme un homme fort imposant: «Il était plus grand que moi et carré d'épaules. [...] Il avait une mâchoire intraitable, toute de marbre» (l. 34-36). _____

_____

_____

_____

Il va même jusqu'à le critiquer: «C'est un fou, [...] je suis enfermé dans cette cabine [...] avec un fou, et un fou athlétique.» (l. 37-38). _____

_____

_____

En somme, le narrateur voit son assaillant comme une réelle menace.

Exercice 4

a) Insérez les citations à partir des lignes suivantes: lignes 23-26 pour la première idée secondaire; lignes 30-32 et lignes 39-40 pour la deuxième idée secondaire.

b) Formulez le commentaire.

Le narrateur est troublé par le fait qu'un homme le suive. D'abord, il semble peu confiant d'être en mesure d'ouvrir sa porte. _____

_____

_____

_____

_____

Ensuite, son jugement semble altéré. _____

_____

_____

_____

Bref, la présence de l'étranger affecte le narrateur dans ses agissements.

La **RÉDACTION**

 p. 82-87

Utilisez la procédure de la page 83 pour rédiger un paragraphe de 200 mots au moins à partir du sujet ci-dessous. Servez-vous des lignes 20-21 et 27-28 pour appuyer vos idées secondaires.

Montrez que le narrateur recherche la sécurité.

_____
_____
_____
_____
_____
_____
_____
_____
_____
_____
_____
_____
_____
_____
_____
_____
_____
_____
_____
_____
_____
_____
_____
_____

↳ RETOUR SUR LA RÉDACTION

➤ Après avoir rédigé votre paragraphe, utilisez **la grille d'autoévaluation** à **la page 87**. Apportez les corrections nécessaires en fonction de l'évaluation que vous avez faite.

➤ Utilisez **la méthode de révision et d'autocorrection** que vous avez complétée à **la page 88**. Appliquez les stratégies de révision linguistique que vous avez proposées. Laissez des traces de votre démarche sur le paragraphe. L'utilisation d'un crayon de couleur différente serait préférable.

Une saison dans **la vie d'**
EMMANUEL

MARIE-CLAIRE BLAIS (1939)

Romancière originaire de Québec, Marie-Claire Blais publie son premier roman à vingt ans et inaugure une vie entièrement consacrée à l'écriture. Son univers romanesque présente l'aliénation d'une société livrée à la misère morale, à la pauvreté, aux perversions.

En 1966, le prestigieux prix Médicis lui est décerné pour *Une saison dans la vie d'Emmanuel*, qui nous introduit dans une famille démunie de la campagne québécoise. Dans cette demeure, dominée par Grand-Mère Antoinette, se débattent des êtres faibles et ignorants promis à de terribles destins. C'est là que naît, «sans bruit par un matin d'hiver», Emmanuel, le seizième enfant de cette famille indigente.

PARTIE 2

Les pieds de Grand-Mère Antoinette dominaient la chambre. Ils étaient là, tranquilles et sournois comme deux bêtes couchées, frémissant à peine dans leurs bottines noires, toujours prêts à se lever : c'étaient des pieds meurtris par de longues années de travail aux champs (lui qui ouvrait les yeux pour la première fois dans la
5 poussière du matin ne les voyait pas encore, il ne connaissait pas encore la blessure secrète à la jambe, sous le bas de laine, la cheville gonflée sous la prison de lacets et de cuir...), des pieds nobles et pieux (n'allaient-ils pas à l'église chaque matin en hiver ?), des pieds vivants qui gravaient pour toujours – dans la mémoire de ceux qui les voyaient une seule fois – l'image sombre de l'autorité et de la patience.
10 Né sans bruit par un matin d'hiver, Emmanuel écoutait la voix de sa grand-mère. Immense, souveraine, elle semblait diriger le monde de son fauteuil. (Ne crie pas, de quoi te plains-tu donc ? Ta mère est retournée à la ferme. Tais-toi jusqu'à ce qu'elle revienne. Ah ! déjà tu es égoïste et méchant, déjà tu me mets en colère !) Il appela sa mère. (C'est un bien mauvais temps pour naître, nous n'avons jamais été aussi pauvres,
15 une saison dure pour tout le monde, la guerre, la faim, et puis tu es le seizième...) Elle se plaignait à voix basse, elle égrenait un chapelet gris accroché à sa taille. Moi aussi j'ai mes rhumatismes, mais personne n'en parle. Moi aussi, je souffre. Et puis, je déteste les nouveau-nés ; des insectes dans la poussière ! Tu feras comme les autres, tu seras ignorant, cruel et amer... (Tu n'as pas pensé à tous ces ennuis que tu m'apportes, il faut que je
20 pense à tout, ton nom, le baptême...)
Il faisait froid dans la maison. Des visages l'entouraient, des silhouettes apparaissaient. Il les regardait mais ne les reconnaissait pas encore. Grand-Mère Antoinette était si immense qu'il ne la voyait pas en entier. Il avait peur. Il diminuait, il se refermait comme

un coquillage. (Assez, dit la vieille femme, regarde autour de toi, ouvre les yeux, je suis
25 là, c'est moi qui commande ici! Regarde-moi bien, je suis la seule personne digne de
la maison. C'est moi qui habite la chambre parfumée, j'ai rangé les savons sous le lit…)
Nous aurons beaucoup de temps, dit Grand-Mère, rien ne presse pour aujourd'hui…

(Sa grand-mère avait une vaste poitrine, il ne voyait pas ses jambes sous les jupes
lourdes mais il les imaginait, bâtons secs, genoux cruels, de quels vêtements étranges
30 avait-elle enveloppé son corps frissonnant de froid?)

Il voulait suspendre ses poings fragiles à ses genoux, se blottir dans l'antre de sa taille,
car il découvrait qu'elle était si maigre sous ces montagnes de linge, ces jupons rugueux,
que pour la première fois il ne la craignait pas. […]

— Mon Dieu, un autre garçon, qu'est-ce que nous allons devenir? Mais elle se rassurait
35 aussitôt: «Je suis forte, mon enfant. Tu peux m'abandonner ta vie. Aie confiance en moi.»

Il l'écoutait. Sa voix le berçait d'un chant monotone, accablé. Elle l'enveloppait de son
châle, elle ne le caressait pas, elle le plongeait plutôt dans ce bain de linges et d'odeurs.
Il retenait sa respiration. Parfois, sans le vouloir, elle le griffait légèrement de ses doigts
repliés, elle le secouait dans le vide, et à nouveau il appelait sa mère. (Mauvais caractère,
40 disait-elle avec impatience.) Il rêvait du sein de sa mère qui apaiserait sa soif et sa révolte.

— Ta mère travaille comme d'habitude, disait Grand-Mère Antoinette. C'est une
journée comme les autres. Tu ne penses qu'à toi. Moi aussi j'ai du travail. Les nouveau-
nés sont sales. Ils me dégoûtent. Mais tu vois, je suis bonne pour toi, je te lave, je te
soigne, et tu seras le premier à te réjouir de ma mort…

45 Mais Grand-Mère Antoinette se croyait immortelle. Toute sa personne triomphante
était immortelle aussi pour Emmanuel qui la regardait avec étonnement. «Oh! Mon enfant,
personne ne t'écoute, tu pleures vainement, tu apprendras vite que tu es seul au monde!»

— Toi aussi, tu auras peur…

Les rayons de soleil entraient par la fenêtre. Au loin, le paysage était confus, inabor-
50 dable. Emmanuel entendait des voix, des pas, autour de lui. (Il tremblait de froid tandis
que sa grand-mère le lavait, le noyait plutôt à plusieurs reprises dans l'eau glacée…) Voilà,
disait-elle, c'est fini. Il n'y a rien à craindre. Je suis là, on s'habitue à tout, tu verras.

Elle souriait. Il désirait respecter son silence; il n'osait plus se plaindre car il lui
semblait soudain avoir une longue habitude du froid, de la faim, et peut-être même du
55 désespoir. Dans les draps froids, dans la chambre froide, il a été rempli d'une étrange
patience, soudain. Il a su que cette misère n'aurait pas de fin, mais il a consenti à vivre.

Marie-Claire Blais, Une saison dans la vie d'Emmanuel,
Montréal, Boréal Compact, 1991, p. 7-9, © Marie-Claire Blais.

● ● ●

Mieux
COMPRENDRE le texte

❶ **Remplacez chaque mot souligné par un synonyme.**

a) «<u>sournois</u> comme deux bêtes couchées» (l. 2): _____

b) «des pieds <u>meurtris</u>» (l. 3): _____

c) «se <u>blottir</u> dans l'<u>antre</u>» (l. 31): • _____

• _____

d) «le paysage était <u>confus</u>» (l. 49): _____

② La naissance d'Emmanuel est-elle bienvenue?

_____

_____

_____

③ Quel rôle joue le bébé dans ce texte?

_____

_____

_____

_____

_____

_____

_____

_____

Vers la
RÉDACTION
⑪ p. 82-87

Exercice 1 Le paragraphe ci-dessous est incomplet. Suivez les consignes afin de le compléter.
a) Surlignez les mots importants de la citation.
b) Formulez le commentaire.

Faites le portrait de la grand-mère.

La grand-mère est une femme forte. En fait, elle représente l'autorité. Elle est «immense, souveraine» (l. 11), c'est elle «qui commande ici» (l. 25), elle est la «seule personne digne de la maison» (l. 25-26). _____

_____

«il faut [qu'elle] pense à tout, [le] nom, le baptême…» (l. 19-20). _____

_____

_____

_____

Ensuite, la grand-mère ne laisse paraitre aucun signe de faiblesse. La «blessure secrète à la jambe [est cachée] sous le bas de laine» (l. 5-6), elle a des «rhumatismes, mais personne n'en parle» (l. 17). _____

_____

Finalement, la grand-mère est en quelque sorte le pilier de la maison.

La RÉDACTION

p. 82-87

Utilisez la procédure de la page 83 pour rédiger un paragraphe de 200 mots au moins à partir d'un des deux sujets suivants.

❶ *Décrivez les sentiments qu'éprouve la grand-mère envers le nouveau-né.*

❷ *Décrivez l'environnement dans lequel arrive le nouveau-né.*

_____

_____

_____

_____

_____

_____

_____

_____

_____

_____

_____

_____

_____

_____

_____

_____

_____

_____

_____

_____

_____

_____

_____

_____

_____

↳ RETOUR SUR LA RÉDACTION

➤ Après avoir rédigé votre paragraphe, utilisez **la grille d'autoévaluation** à **la page 87**. Apportez les corrections nécessaires en fonction de l'évaluation que vous avez faite.

➤ Utilisez **la grille de révision et d'autocorrection** que vous avez complétée à **la page 88**. Appliquez au moins deux stratégies de révision linguistique que vous avez proposées. Laissez des traces de votre démarche sur le paragraphe. L'utilisation d'une couleur différente serait préférable.

JUDITH BAUER STAMPER (1947)

L'auteure américaine Judith Bauer Stamper se spécialise dans l'écriture d'histoires courtes qu'elle offre à un public diversifié. Plusieurs de ses contes sont publiés sous forme de recueils dont le titre laisse déjà planer une certaine inquiétude, comme c'est le cas avec les *Contes de minuit*. Ces histoires d'horreur ou de peur suscitent un vif intérêt chez les lecteurs en quête d'émotions fortes.

Le MASQUE

THÈME DU PASSAGE — UN ÉCRIVAIN TRAQUÉ

PARTIE 2

C'était sa dernière nuit en Afrique. Daniel Clark déambulait[1] dans un marché en plein air, regardant les marchands fermer leurs boutiques dans le crépuscule. Il commençait à désespérer. Il avait bien trouvé des souvenirs pour sa femme et son fils, mais il n'avait encore rien découvert pour lui. Il voulait quelque
5 chose d'exotique et de mystérieux, comme l'Afrique l'était pour lui.

Un mendiant le toucha à la jambe, demandant de l'argent. Comme Daniel lui lançait une pièce, il sentit un frisson le parcourir. La nuit était fraîche. Il marchait dans les rues sombres, dans les quartiers noirs, loin des hôtels et des magasins pour touristes.

Il prit un tout petit chemin de traverse. Il savait que c'était fou pour un étranger de
10 prendre ce chemin, mais il y avait une porte ouverte éclairée tout au bout. Daniel eut une prémonition[2]: il trouverait là ce qu'il cherchait.

Il descendit le chemin, évitant l'ombre des côtés et marchant au beau milieu. Dans une encoignure, il entendit respirer. Il se hâta vers la lumière.

À la fin, il paniqua et se mit à courir. Il pénétra par la porte ouverte dans une pièce
15 éclairée de plusieurs petites lampes à l'huile. Un homme au visage impassible et aux yeux brillants se tenait derrière un comptoir, le regardant fixement.

— Le magasin est fermé, dit l'homme d'une voix profonde.

Daniel fit rapidement des yeux le tour de la pièce. Il y avait partout des tambours, des lances, des masques et d'autres objets appartenant à des tribus.
20 — Je dois fermer, répéta l'homme. Mon fils est malade là-haut.

---
1. **Déambulait**: flânait, errait.
2. **Prémonition**: intuition, pressentiment.

Daniel ne pouvait pas bouger d'où il était, regardant les choses, une après l'autre. C'était ce qu'il avait tant cherché.

— S'il vous plaît, demanda-t-il, ce ne sera pas long.

L'homme se raidit sous les pleurs d'un enfant.

25 Les yeux de Daniel s'attardèrent sur un masque pendu en arrière de l'échoppe. Il était fait de bois foncé, presque noir, et autour, il y avait une frange de vrais cheveux couleur cuivre[3].

— Ce masque, combien est-il?

— Pas à vendre, murmura l'homme. Un masque du diable. Pas pour les touristes.

— Non, vous ne comprenez pas, protesta Daniel. Je ne suis pas réellement un touriste. 30 Je suis un écrivain. Je suis en Afrique pour faire une recherche pour un livre. Je veux ce masque.

L'homme secoua énergiquement la tête de droite à gauche.

— Ce masque est mauvais. Personne ne peut le porter sauf un homme de pouvoir – un sorcier comme vous dites. Cherchez quelque chose d'autre.

35 Une plainte vint d'en haut et une voix d'enfant appela en dialecte[4] africain. Les yeux du marchand étaient inquiets. Il regarda Daniel puis l'escalier, puis encore Daniel.

— Restez, dit-il. Je vais aller voir mon enfant.

Daniel ne quitta pas le masque des yeux quand l'homme grimpa l'escalier étroit jusqu'au deuxième. Il avança vers le masque et le prit dans ses mains. Il le souleva du 40 mur et le descendit, regardant cette étrange face sculptée dans le bois. Le masque voulait qu'il le prenne. Daniel prit un gros rouleau de monnaie du pays dans son sac, le laissa sur le comptoir puis il courut dehors dans l'allée sombre.

Revenir à New York fut un choc pour Daniel. Le temps qu'il avait passé en Afrique lui avait fait oublier l'allure rapide de la vie en Amérique. Dans le taxi le ramenant de 45 l'aéroport, il se sentait un étranger regardant les gratte-ciel et les autos agglutinées autour.

Sa femme et son fils dirent qu'il avait changé. Il était mince et bronzé, plus distant. Daniel se sentait un étranger dans sa propre maison. Il défit ses bagages et distribua les souvenirs qu'il avait rapportés. Il sortit enfin le masque de la plus grosse malle.

— Étrange, dit son fils Marc en voyant le masque. L'as-tu acheté d'un sorcier?

50 — Non, dans une boutique, répondit Daniel, honteux.

Marc le souleva et regarda la figure de près. La bouche était tordue dans un sourire moqueur; les yeux semblaient cacher un malin secret; la face était remplie de cicatrices. Il le monta vers sa figure.

— Non, cria Daniel, se rappelant les paroles du marchand.

55 Il enleva le masque des mains de son fils.

— Papa, qu'est-ce qu'il y a? demanda Marc, amusé par les réactions de son père. Je n'ai rien fait de mal.

Daniel remarqua que sa femme le regardait aussi.

— Ce masque est spécial, expliqua-t-il rapidement. Personne d'autre qu'un sorcier ne 60 peut le mettre. Il regardait le masque, les mains tremblantes.

— Allons donc papa. Tu ne crois pas vraiment ces choses? demanda son fils.

— Daniel, vas-tu bien? s'informa sa femme. N'as-tu pas attrapé une de ces maladies tropicales étranges?

— Non, je vais bien! dit-il avec éclat. Il remit soigneusement le masque dans la malle. 65 C'est peut-être le décalage horaire. C'est tout.

---

3. **Cuivre**: rouge-brun.
4. **Dialecte**: forme régionale d'une langue, parlée et écrite.

Le jour suivant, Daniel suspendit le masque sur un mur de son bureau. C'était le mur derrière son pupitre, face au jardin. Daniel était content de reprendre le travail. Il s'assit et commença un chapitre de son livre où il y avait une longue description des plaines africaines.

70 Deux heures plus tard, il poussa sa chaise ; il avait fini son chapitre. Il était sûr qu'il n'avait jamais si bien écrit. Mais soudain, un violent mal de tête le terrassa. C'était comme des tambours dans sa tête, des tambours africains. Il se retourna.

Le masque le regardait, ses yeux creux rivés sur lui. Daniel avait l'impression qu'ils pouvaient lire dans ses pensées. Il se leva et alla plus près. Le bruit des tambours s'accentuait.
75 Il avait une envie urgente de prendre le masque et de le mettre sur sa figure…

Daniel se sauva de la pièce. En passant devant un miroir, il vit sa figure grimaçant de frayeur.

Le jour suivant, Daniel se mit au travail très tôt le matin. Tout le monde dormait. Il commença un nouveau chapitre sur une expédition en jeep qui l'avait emmené à travers
80 les plaines. Il y décrivait la girafe et l'antilope, le peuple africain et ses habitations. Son crayon s'arrêta soudainement : le bruit des tambours avait repris dans sa tête. Son crayon lui échappa.

Daniel regarda le masque derrière lui. La chevelure étrange sembla bouger puis s'arrêter. Les yeux vides le regardaient.

85 Daniel était attiré par eux. La bouche étrange lui souriait, lui disant d'y toucher. Il prit le masque sur le mur. Il lui semblait chaud. Il le mit devant ses yeux : c'était sombre. Il en couvrit alors sa figure ; le bruit des tambours s'accentua. Le cœur de Daniel battait au même rythme.

— Daniel, dit une voix.

90 Il se retourna vers la porte. C'était sa femme.

— Daniel, enlève ce masque.

Lentement, il le retira de sa figure. Sa femme hurla de terreur et recula. Il voulut la rejoindre mais elle se sauva. Il la suivit dans le salon jetant un coup d'œil dans le miroir.

Un homme étrange le regardait. Ses lèvres étaient tordues dans un rictus ; sa face,
95 couverte de cicatrices profondes et entourée de cheveux couleur cuivre.

Daniel baissa les yeux sur le masque dans ses mains. Une face le regardait, la face de l'homme qu'il avait déjà été.

Judith Bauer Stamper, *More Tales For the Midnight Hour*,
© 1987 J. B. Stamper, avec la permission de Scholastic inc.,
traduction Les Éditions Héritage inc., 1988, p. 55-60.

● ● ●

PARTIE 2

Mieux COMPRENDRE le texte

1 **Donnez le sens contextuel des mots soulignés.**

a) «quelque chose d'exotique» (l. 4-5) : _____

b) «une encoignure» (l. 13) : _____

c) «visage impassible» (l. 15) : _____

d) «en arrière de l'échoppe» (l. 25) : _____

e) «les autos agglutinées» (l. 45) : _____

f) «Ses lèvres étaient tordues dans un rictus» (l. 94) : _____

2 **Qu'est-ce qui pousse Daniel à se diriger vers la boutique du marchand?**

_____

_____

_____

_____

3 **Pour quelle raison Daniel est-il allé en Afrique?**

_____

_____

_____

_____

4 **À la ligne 21, il est dit que «Daniel ne pouvait pas bouger». Que peut-on en déduire?**

_____

_____

_____

5 **Le marchand vend-il le masque de bon cœur à Daniel?**

_____

_____

_____

_____

_____

6 **«Revenir à New York fut un choc pour Daniel» (l. 43). À quoi peut-on attribuer cela?**

_____

_____

_____

_____

_____

_____

O La RÉDACTION

 p. 82-87

Utilisez la procédure de la page 83 pour rédiger un paragraphe de 200 mots au moins à partir d'un des deux sujets suivants.

1 *Décrivez l'atmosphère de ce conte.*

2 *Faites le portrait de Daniel.*

_____

_____

_____

_____

_____

_____

_____

_____

_____

_____

_____

_____

_____

_____

_____

_____

_____

_____

_____

_____

_____

_____

_____

_____

_____

_____

↳ RETOUR SUR LA RÉDACTION

▶ Après avoir rédigé votre paragraphe, utilisez **la grille d'autoévaluation** à **la page 87**. Apportez les corrections nécessaires en fonction de l'évaluation que vous avez faite.

▶ Utilisez la **grille de révision et d'autocorrection** que vous avez complétée à **la page 88**. Appliquez au moins deux stratégies de révision linguistique que vous avez proposées. Laissez des traces de votre démarche sur le paragraphe. L'utilisation d'une couleur différente serait préférable.

PARTIE 2

La BARBE-BLEUE

THÈME DU PASSAGE UN MARI SANS CŒUR

CHARLES PERRAULT (1628-1703)

Charles Perrault est un écrivain français, surtout connu pour ses recueils de contes.

Contes de ma mère l'Oye

Le recueil des *Contes de ma mère l'Oye*, publié en 1697, comporte huit contes. À l'époque, ce genre est à la mode dans les milieux aristo-cratiques et bourgeois. Perrault écrit ses récits, en s'inspirant des contes populaires racontés par les nourrices. «Ma mère l'Oye» est le personnage type de la nourrice campagnarde. Dès leur parution, ces contes connaissent un vif succès auprès du public.

I l était une fois un homme qui avait de belles maisons à la ville et à la campagne, de la vaisselle d'or et d'argent, des meubles en broderie, et des carrosses[1] tout dorés.
5 Mais, par malheur, cet homme avait la barbe bleue : cela le rendait si laid et si terrible, qu'il n'était ni femme ni fille qui ne s'enfuît de devant lui.

Une de ses voisines, dame de qualité[2], 10 avait deux filles parfaitement belles. Il lui en demanda une en mariage, et lui laissa le choix de celle qu'elle voudrait lui donner. Elles n'en voulaient point toutes deux, et se le renvoyaient l'une à l'autre, ne pouvant se 15 résoudre à prendre un homme qui eût la barbe bleue. Ce qui les dégoûtait encore, c'était qu'il avait déjà épousé plusieurs femmes, et qu'on ne savait ce que ces femmes étaient devenues.

20 La Barbe-Bleue, pour faire connaissance, les mena, avec leur mère et trois ou quatre de leurs meilleures amies, et quelques jeunes gens du voisinage, à une de ses maisons de campagne, où on demeura huit jours entiers. Ce n'était que promenades, que parties de chasse et de pêche, que danses et festins, que collations : on ne dormait point et on passait toute la nuit à se faire des malices les uns aux autres ; enfin tout alla si bien, que la cadette 25 commença à trouver que le maître du logis n'avait plus la barbe si bleue, et que c'était un fort honnête homme. Dès qu'on fut de retour à la ville, le mariage se conclut.

Au bout d'un mois, la Barbe-Bleue dit à sa femme qu'il était obligé de faire un voyage en province, de six semaines au moins, pour une affaire de conséquence[3] ; qu'il la priait de se bien divertir pendant son absence ; qu'elle fît venir ses bonnes amies ; qu'elle les menât 30 à la campagne si elle voulait ; que partout elle fît bonne chère. «Voilà, lui dit-il, les clefs des deux grands garde-meubles[4], voilà celles de la vaisselle d'or et d'argent, qui ne sert pas tous les jours ; voilà celles de mes coffres-forts où est mon or et mon argent ; celles des cassettes où sont mes pierreries ; et voilà le passe-partout de tous les appartements. Pour cette petite clef-ci, c'est la clef du cabinet[5] au bout de la grande galerie de l'appartement bas : ouvrez 35 tout, allez partout ; mais pour ce petit cabinet, je vous défends d'y entrer, et je vous le

---

1. **Carrosses** : voitures luxueuses à quatre roues tirées par des chevaux.
2. **Dame de qualité** : dame de la noblesse ou de condition sociale élevée.
3. **Affaire de conséquence** : affaire importante.
4. **Garde-meubles** : pièces qui abritent le mobilier.
5. **Cabinet** : petite pièce, située généralement à l'écart dans la maison.

défends de telle sorte, que, s'il vous arrive de l'ouvrir, il n'y a rien que vous ne deviez attendre de ma colère.» Elle promit d'observer exactement tout ce qui lui venait d'être ordonné; et lui, après l'avoir embrassée, monte dans son carrosse, et part pour son voyage.

40 Les voisines et les bonnes amies n'attendirent pas qu'on les envoyât quérir pour aller chez la jeune mariée, tant elles avaient d'impatience de voir toutes les richesses de sa maison, n'ayant osé y venir pendant que le mari y était, à cause de sa barbe bleue, qui leur faisait peur. Les voilà aussitôt à parcourir les chambres, les cabinets, les garde-robes, toutes plus belles et plus riches les unes que les autres. Elles montèrent ensuite aux garde-meubles, où elles ne pouvaient assez admirer le nombre et la beauté des tapisseries,

45 des lits, des sofas, des cabinets, des guéridons, des tables et des miroirs où l'on se voyait depuis les pieds jusqu'à la tête, et dont les bordures, les unes de glace, les autres d'argent et de vermeil[6] doré, étaient les plus belles et les plus magnifiques qu'on eût jamais vues; elles ne cessaient d'exagérer et d'envier le bonheur de leur amie, qui cependant ne se divertissait point à voir toutes ces richesses, à cause de l'impatience qu'elle avait d'aller

50 ouvrir le cabinet de l'appartement bas.

Elle fut si pressée de sa curiosité, que, sans considérer qu'il était malhonnête de quitter sa compagnie, elle y descendit par un petit escalier dérobé[7], et avec tant de précipitation, qu'elle pensa se rompre le cou deux ou trois fois. Étant arrivée à la porte du cabinet, elle s'y arrêta quelque temps, songeant à la défense que son mari lui avait faite, et considérant

55 qu'il pourrait lui arriver malheur d'avoir été désobéissante; mais la tentation était si forte qu'elle ne put la surmonter: elle prit donc la petite clef, et ouvrit en tremblant la porte du cabinet.

D'abord elle ne vit rien, parce que les fenêtres étaient fermées. Après quelques moments, elle commença à voir que le plancher était tout couvert de sang caillé, et que dans ce

60 sang se miraient les corps de plusieurs femmes mortes et attachées le long des murs: c'étaient toutes les femmes que la Barbe-Bleue avait épousées et qu'il avait égorgées l'une après l'autre. Elle pensa mourir de peur et la clef du cabinet qu'elle venait de retirer de la serrure lui tomba de la main.

Après avoir un peu repris ses sens, elle ramassa la clef, referma la porte, et monta à sa

65 chambre pour se remettre un peu; mais elle n'en pouvait venir à bout, tant elle était émue.

Ayant remarqué que la clef du cabinet était tachée de sang, elle l'essuya deux ou trois fois; mais le sang ne s'en allait point: elle eut beau la laver, et même la frotter avec du sablon[8] et avec du grès[9], il y demeura toujours du sang, car la clef était fée, et il n'y avait pas moyen de la nettoyer tout à fait: quand on ôtait le sang d'un côté, il revenait de l'autre…

70 La Barbe-Bleue revint de son voyage dès le soir même, et dit qu'il avait reçu des lettres, dans le chemin, qui lui avaient appris que l'affaire pour laquelle il était parti venait d'être terminée à son avantage. Sa femme fit tout ce qu'elle put pour lui témoigner qu'elle était ravie de son prompt retour.

Le lendemain il lui redemanda les clefs; et elle les lui donna, mais d'une main si

75 tremblante, qu'il devina sans peine tout ce qui s'était passé. «D'où vient, lui dit-il, que la clef du cabinet n'est point avec les autres? — Il faut, dit-elle, que je l'aie laissée là-haut sur ma table. — Ne manquez pas, dit la Barbe-Bleue, de me la donner tantôt.»

Après plusieurs remises, il fallut apporter la clef. La Barbe-Bleue, l'ayant considérée, dit à sa femme: «Pourquoi y a-t-il du sang sur cette clef? — Je n'en sais rien, répondit

80 la pauvre femme, plus pâle que la mort. — Vous n'en savez rien? reprit la Barbe-Bleue; je le sais bien, moi. Vous avez voulu entrer dans le cabinet! Eh bien! Madame, vous y entrerez, et irez prendre votre place auprès des dames que vous y avez vues.»

---

6. **Vermeil**: argent recouvert d'une dorure tirant sur le rouge.
7. **Dérobé**: caché.
8. **Sablon**: terme ancien de «sable».

9. **Grès**: roche sédimentaire qui peut être réduite en poudre afin de polir certains matériaux.

Elle se jeta aux pieds de son mari, en pleurant, et en lui demandant pardon, avec toutes les marques d'un vrai repentir[10], de n'avoir pas été obéissante. Elle aurait attendri
85 un rocher, belle et affligée comme elle était; mais la Barbe-Bleue avait le cœur plus dur qu'un rocher. «Il faut mourir, Madame, lui dit-il, et tout à l'heure. — Puisqu'il faut mourir, répondit-elle, en le regardant les yeux baignés de larmes, donnez-moi un peu de temps pour prier Dieu. — Je vous donne un demi-quart d'heure, reprit la Barbe-Bleue, mais pas un moment davantage.»

90 Lorsqu'elle fut seule, elle appela sa sœur, et lui dit: «Ma sœur Anne (car elle s'appelait ainsi), monte, je te prie, sur le haut de la tour pour voir si mes frères ne viennent point: ils m'ont promis qu'ils me viendraient voir aujourd'hui; et, si tu les vois, fais-leur signe de se hâter.» La sœur Anne monta sur le haut de la tour; et la pauvre affligée lui criait de temps en temps: «Anne, ma sœur ne vois-tu rien venir? Et la sœur Anne lui répon-
95 dait: «Je ne vois rien que le soleil qui poudroie[11] et l'herbe qui verdoie[12].»

Cependant la Barbe-Bleue, tenant un grand coutelas à sa main criait de toute sa force à sa femme: «Descends vite ou je monterai là-haut! — Encore un moment, s'il vous plaît,» lui répondait sa femme. Et aussitôt elle criait tout bas: «Anne, ma sœur Anne, ne vois-tu rien venir?» Et la sœur Anne répondait: «Je ne vois rien que le soleil qui pou-
100 droie et l'herbe qui verdoie.»

«Descends donc vite, criait la Barbe-Bleue, ou je monterai là-haut! — Je m'en vais,» répondait la femme. Et puis elle criait: «Anne, ma sœur Anne, ne vois-tu rien venir? — Je vois, répondit la sœur Anne, une grosse poussière qui vient de ce côté-ci... — Sont-ce mes frères? — Hélas! non, ma sœur, c'est un troupeau de moutons... — Ne veux-tu
105 pas descendre? criait la Barbe-Bleue. — Encore un moment!» répondait sa femme. Et puis elle criait: «Anne, ma sœur Anne, ne vois-tu rien venir? — Je vois deux cavaliers qui viennent de ce côté-ci; mais ils sont bien loin encore... Dieu soit loué! s'écria-t-elle un moment après, ce sont mes frères. Je leur fais signe tant que je puis de se hâter.»

La Barbe-Bleue se mit à crier si fort, que toute la maison en trembla. La pauvre
110 femme descendit et alla se jeter à ses pieds toute éplorée[13] et toute échevelée. «Cela ne sert de rien, dit la Barbe-Bleue; il faut mourir!» Puis, la prenant d'une main par les cheveux, et de l'autre levant le coutelas en l'air, il allait lui abattre la tête. La pauvre femme, se tournant vers lui et le regardant avec des yeux mourants, le pria de lui donner un petit moment pour se recueillir. «Non, non, dit-il, recommande-toi bien à Dieu...»
115 Et levant son bras... Dans ce moment, on heurta[14] si fort à la porte, que la Barbe-Bleue s'arrêta tout court. On ouvrit, et aussitôt on vit entrer deux cavaliers qui, mettant l'épée à la main, coururent droit à la Barbe-Bleue.

Il reconnut que c'était les frères de sa femme, l'un dragon et l'autre mousquetaire, de sorte qu'il s'enfuit aussitôt pour se sauver; mais les deux frères le poursuivirent de si près,
120 qu'ils l'attrapèrent avant qu'il pût gagner le perron. Ils lui passèrent leur épée au travers du corps et le laissèrent mort. La pauvre femme était presque aussi morte que son mari, et n'avait pas la force de se lever pour embrasser ses frères.

Il se trouva que la Barbe-Bleue n'avait point d'héritiers, et qu'ainsi sa femme demeura maîtresse de tous ses biens. Elle en employa une grande partie à marier sa sœur Anne avec
125 un jeune gentilhomme dont elle était aimée depuis longtemps; une autre partie à acheter des charges de capitaine à ses deux frères; et le reste à se marier elle-même à un fort honnête homme, qui lui fit oublier le mauvais temps qu'elle avait passé avec la Barbe-Bleue.

Charles Perrault, «La Barbe-Bleue», *Contes de ma mère l'Oye*, 1697.

● ● ●

10. **Repentir**: regret.
11. **Poudroie**: du verbe «poudroyer». Ici, le soleil fait briller la poussière en suspension dans l'air.
12. **Verdoie**: du verbe «verdoyer», c'est-à-dire qui présente un ton dominant de vert.

13. **Éplorée**: en pleurs.
14. **Heurta**: frappa.

Mieux COMPRENDRE le texte

1 Donnez le sens contextuel des mots soulignés.

a) « se faire des malices » (l. 24) : _____

b) « que partout elle fît bonne chère » (l. 30) : _____

c) « des guéridons » (l. 45) : _____

d) « la pauvre affligée » (l. 93) : _____

e) « un grand coutelas » (l. 96) : _____

f) « l'un dragon » (l. 118) : _____

2 Comment commence et se termine ce conte ?

_____

_____

_____

_____

_____

_____

3 Comment Barbe-Bleue réussit-il à se marier malgré sa laideur ? Quels traits de caractère pouvez-vous lui donner ?

_____

_____

_____

_____

4 Quelles figures de style montrent la richesse de Barbe-Bleue que découvrent les voisines et les bonnes amies pendant son absence ?

_____

_____

_____

_____

_____

_____

_____

5 Comment apparait la femme de Barbe-Bleue dans les lignes 48 à 57 ?

_____

_____

_____

La RÉDACTION

p. 82-87

Utilisez la procédure à la page 83 pour rédiger un paragraphe de 200 mots au moins pour chacun des sujets suivants.

1 *Montrez que Barbe-Bleue n'a aucune considération pour sa femme lorsqu'elle lui désobéit.*

_____

_____

_____

_____

_____

_____

_____

_____

_____

_____

_____

_____

_____

_____

_____

_____

_____

_____

_____

_____

_____

_____

_____

_____

_____

_____

_____

_____

_____

_____

_____

_____

❷ *Décrivez le plus grand défaut de la femme.*

_____

_____

_____

_____

_____

_____

_____

_____

_____

_____

_____

_____

_____

_____

_____

_____

_____

_____

_____

_____

_____

_____

_____

_____

_____

_____

_____

_____

_____

_____

_____

_____

_____

3 *La relation entre Barbe-Bleue et sa femme ressemble beaucoup à celle d'un père et son enfant. Développez.*

_____

_____

_____

_____

_____

_____

_____

_____

_____

_____

_____

_____

_____

_____

_____

_____

_____

_____

_____

_____

_____

_____

_____

_____

_____

_____

_____

_____

_____

RETOUR SUR LA RÉDACTION

▶ Après avoir rédigé votre paragraphe, utilisez **la grille d'autoévaluation à la page 87**. Apportez les corrections nécessaires en fonction de l'évaluation que vous avez faite.

▶ Utilisez **la grille de révision et d'autocorrection** que vous avez complétée à **la page 88**. Appliquez au moins deux stratégies de révision linguistique que vous avez proposées. Laissez des traces de votre démarche sur le paragraphe. L'utilisation d'une couleur différente serait préférable.

Le premier
JARDIN

Deux raisons poussent Flora Fontanges à retourner dans sa ville natale, là où elle s'était juré de ne plus remettre les pieds : d'abord, le directeur du théâtre de l'Émérillon lui propose un rôle inespéré, celui de Winnie dans Oh les beaux jours *de Samuel Beckett ; ensuite, sa fille Maud, qu'elle n'a pas revue depuis plus d'un an, lui écrit qu'elle a envie de la voir. Or, depuis son arrivée, Flora Fontanges n'a aucune nouvelle de Maud.*

C'est un jour d'été sans éclat, le soleil à moitié caché derrière des couches de nuages qu'il chauffe à blanc. Le ciel pèse sur nos têtes comme un couvercle brûlant et crayeux.

5 La basse ville cuit dans ses pierres nouvellement ravalées et ses touristes débraillés[1]. Le théâtre de l'Émérillon est ouvert derrière la place Royale. Bouche d'ombre humide et fraîche. On y respire un air de cave et
10 de sacristie[2].

Flora Fontanges a été convoquée par le directeur de l'Émérillon, pour un bout d'essai, dit-il en fermant à demi ses yeux myopes. Ce bout d'essai consiste à placer
15 Flora Fontanges sur la scène, vide de décors et de partenaire, sans projecteurs ni rideaux, après s'être bien assuré du désert complet dans la salle. Une sorte de huis clos[3] entre le metteur en scène et Flora
20 Fontanges. Isoler Flora Fontanges dans le vide. L'examiner sous toutes les coutures comme un microbe vivant sous le microscope. La saisir au moment de sa métamorphose, ce rôle qui doit l'envahir peu à peu. Sans texte et sans voix, sans geste ni maquillage, dans la nudité la plus parfaite, que Winnie sorte au grand jour et soit bien visible sur le visage de Flora Fontanges et dans son corps qui se
25 tasse et se racornit à vue d'œil.

---

1. **Débraillés** : mal vêtus.
2. **Sacristie** : pièce attenante à une église.
3. **Huis clos** : intimité.

ANNE HÉBERT (1916-2000)

Fille du critique Maurice Hébert, cousine du poète Hector de Saint-Denys Garneau, Anne Hébert, née à Sainte-Catherine-de-Fossambault, près de Québec, s'est illustrée par la qualité de son œuvre. En plus de ses nombreux recueils poétiques, elle a écrit plusieurs romans, dont *Les fous de Bassan* et *Kamouraska*, tous deux portés à l'écran.

Le premier jardin est un roman dans lequel la prose et la poésie se mêlent intimement. «Des bouts de phrases hachées menu» : cette réflexion du personnage principal, Flora Fontanges, à propos d'un texte de Beckett correspond parfaitement au rythme saccadé qu'Anne Hébert a voulu imposer dans ce roman.

PARTIE 2

Elle fait appel à l'expérience de toute sa vie, chargée d'âge et d'illusions perdues. Elle a accès à ce qu'elle ne sait pas encore, qu'elle devine seulement dans les ténèbres du temps en marche. Flora Fontanges est déjà consommée dans l'éternité, toute livrée au rôle qui l'habite et la possède.

30 On peut voir des poussières légères, qui voltigent dans le rayon de lumière venant de la porte ouverte.

Le directeur de l'Émérillon s'est arrangé pour qu'elle soit bien au centre du rayon, sous une poudrerie fine. Il ajuste ses petites lunettes cerclées d'or. Il regarde, comme avec une loupe, celle qui est seule sur la scène, dans la lumière blême et la poussière qui 35 vole. Elle est assise sur un pliant de toile, penche la tête et fixe des yeux les veines de ses mains, posées à plat sur ses genoux. À mesure que Flora Fontanges se concentre, les veines gonflent et se dessinent, de plus en plus nettes et bleues, sur ses mains pâles.

Bientôt, il n'y a plus qu'une petite vieille ratatinée et muette, tout exprimée dans sa sécheresse, pareille à un tas d'os cassants.

40 Gilles Perrault est attentif comme si la vie et la mort se jouaient à son commandement, là, devant lui. Il ordonne, d'une voix exténuée, à peine audible[4] :

— Faites voir vos bras, à présent. Je veux voir vos bras nus levés et croisés au-dessus de votre tête. Rappelez-vous, vous êtes vieille, très vieille…

Elle enlève sa veste de toile et lève ses bras nus au-dessus de sa tête. Ce sont bien les bras 45 de Winnie tels que rêvés par le directeur de l'Émérillon. Il avale sa salive. Il soupire d'aise.

Le temps dure. Quelques secondes ? Quelques minutes ? Une vieille femme n'en finit pas de tenir ses vieux bras levés au-dessus de sa tête. Le directeur debout, immobile, à ses pieds, au premier rang de la salle, se délecte intensément du spectacle.

Quelques badauds se sont amassés dans la porte ouverte, interceptent la lumière du 50 dehors, s'étonnent de la fraîcheur de la salle. Gilles Perrault tape dans ses mains. Flora Fontanges baisse les bras. Revient à elle lentement. Lazare[5], sortant du tombeau, a peut-être éprouvé cela, cette extrême lenteur de tout l'être qui doit réapprendre à vivre.

Elle remet sa veste comme si c'était la chose la plus difficile à faire au monde.

Le visage de sa fille choisit pour apparaître ce moment précis où Flora Fontanges, 55 sans défense, semble s'extraire à grand-peine d'un tas de bois mort. Le voici, levé vers elle, enfantin et rose, ce petit visage perdu. Ces yeux noirs, humides, au blanc presque bleu. Elle a un geste de recul. Une réplique qui n'est pas de théâtre s'attarde en elle :

— Quelle idée de m'amener ma fille à un moment pareil. Je suis vidée, morte…

Elle répète tout haut :

60 — Je suis vidée, morte…

Les traits de Maud enfant s'effacent pour faire place à la silhouette voûtée du directeur de l'Émérillon.

— Étonnante ! Vous êtes étonnante !

Il a enlevé ses lunettes. Ses yeux bleus sont embués de larmes. Il ne voit plus à deux pas 65 devant lui. Tandis qu'elle se met à sourire sans qu'il s'en rende très bien compte. Ce sourire qui la transfigure éloigne d'elle le rôle de Winnie, la rend pareille à une actrice qui salue légèrement, toute rayonnante, ayant échappé, une fois de plus, au danger de mort.

— C'est si beau de jouer !

Et elle ne connaît pas d'autres mots, n'en cherche pas d'autres pour exprimer sa 70 plénitude[6] et sa jouissance.

Anne Hébert, *Le premier jardin*, Paris, © Éditions du Seuil, 1988, p. 45-47.

● ● ●

---

4. **Audible** : perceptible.
5. **Lazare** est un personnage de l'histoire chrétienne qui a été ressuscité par Jésus.
6. **Plénitude** : épanouissement.

Mieux
COMPRENDRE le texte

1 **Donnez le sens contextuel des mots soulignés.**

a) «Le ciel pèse sur nos têtes comme un couvercle brûlant et <u>crayeux</u>» (l. 3-4):

_____

b) «dans son corps qui se tasse et <u>se racornit</u> à vue d'œil» (l. 24-25):

_____

c) «une petite vieille <u>ratatinée</u>» (l. 38):

_____

d) «Quelques <u>badauds</u> se sont amassés dans la porte ouverte» (l. 49):

_____

2 **Quelle impression se dégage du passage compris dans les lignes 1 à 6 ? Justifiez votre réponse.**

_____

_____

_____

_____

_____

3 **Dans les lignes 1 à 10, quel contraste peut-on relever et où est-il repris plus loin dans le texte ?**

_____

_____

_____

_____

4 **Dans la phrase «L'examiner sous toutes les coutures comme un microbe vivant sous le microscope» (l. 21), trouvez la figure de style utilisée et expliquez-la.**

_____

_____

_____

_____

_____

_____

_____

_____

_____

5 Dans le passage allant des lignes 49 à 52, pourquoi l'auteure compare-t-elle Flora Fontanges à Lazare?

_____

_____

_____

_____

_____

6 Relevez deux métamorphoses que l'auteure met en scène dans l'extrait.

• _____

_____

• _____

_____

O La RÉDACTION

p. 82-87

Utilisez la procédure de la page 83 pour rédiger un paragraphe de 200 mots au moins à partir du sujet suivant.

1 *Montrez les émotions du directeur du début à la fin de l'audition.*

_____

_____

_____

_____

_____

_____

_____

_____

_____

_____

_____

_____

_____

_____

_____

_____

_____

_____

Utilisez la procédure à la page 83 pour rédiger un paragraphe de 200 mots au moins à partir d'un des deux sujets suivants.

2 *Décrivez les conditions dans lesquelles Flora Fontanges doit faire son essai.*

3 *Montrez que Flora Fontanges est une actrice de talent.*

_____

_____

_____

_____

↳ RETOUR SUR LA RÉDACTION

➤ Après avoir rédigé votre paragraphe, utilisez **la grille d'autoévaluation** à **la page 87**. Apportez les corrections nécessaires en fonction de l'évaluation que vous avez faite.

➤ Utilisez **la grille de révision et d'autocorrection** que vous avez complétée à **la page 88**. Appliquez au moins deux stratégies de révision linguistique que vous avez proposées. Laissez des traces de votre démarche sur le paragraphe. L'utilisation d'une couleur différente serait préférable.

RÉDIGER UN PARAGRAPHE STRUCTURÉ

Les composantes

Le paragraphe structuré comprend les mêmes composantes que celles **pour répondre à une question de compréhension** (voir p. 38). La démarche est donc assez semblable. Toutefois, vous devez présenter au moins deux idées secondaires pour développer votre idée principale.

Dans l'organisation du paragraphe, le commentaire peut précéder l'illustration. Il peut aussi y avoir un chevauchement illustration-commentaire. L'important, c'est que le commentaire soit pertinent et qu'il y ait une fluidité entre les éléments.

Votre paragraphe devrait compter environ 200 mots ou plus selon la demande de l'enseignant. Selon la richesse des citations et la pertinence des commentaires, le nombre de mots peut varier de 15 % en plus ou en moins.

De plus, il serait pertinent, à cette étape, d'analyser plus en profondeur vos citations. Le repérage des procédés formels est un moyen fort efficace pour bâtir un commentaire solide. En fait, un même message pourra être formulé différemment selon l'intention du destinateur. C'est donc le style de l'auteur et la formulation de la citation qui vous permettront de mieux en faire ressortir la pertinence. (Voir le tableau sur le fond et la forme à la page 84.)

Éléments de la structure du paragraphe	Éléments du plan du paragraphe
Idée principale ⟶	Idée principale
Idée secondaire ⟶	1ʳᵉ idée secondaire
• Illustration • Commentaire	
Idée secondaire ⟶	2ᵉ idée secondaire
• Illustration • Commentaire	
Phrase de rappel	

L'organisation du plan

Le plan présente la structure générale du paragraphe. Il s'agit de donner les grandes lignes de l'organisation du paragraphe avant de le rédiger. Ces lignes comprennent la formulation de l'idée principale et celle des deux idées secondaires. Il s'agit de votre plan de travail auquel vous ajouterez les citations, le commentaire et la phrase de rappel.

L'organisation du plan permet de mettre en place les divers éléments qui constituent le paragraphe. C'est d'autant plus pertinent de bâtir le plan, surtout lorsque vous avez plusieurs paragraphes à rédiger. Ainsi, vous ne risquerez pas de réutiliser les mêmes éléments d'un paragraphe à l'autre pour un sujet donné.

Pour organiser votre plan, vous devez effectuer les quatre étapes préparatoires proposées dans la procédure. À partir des deux idées secondaires (aspects) que vous aurez choisies, vous formulez l'idée principale. Cette idée englobe les deux idées secondaires et répond, de manière plus générale, à la question ou au sujet à développer.

RÉDIGER UN PARAGRAPHE STRUCTURÉ
La procédure

▶ Le travail préparatoire

1° Comprendre la question ou le sujet. Encadrer ou surligner les mots clés. Chercher certains mots dans le dictionnaire au besoin.

2° Dans l'extrait, surligner les citations qui permettraient de développer la question ou le thème.

3° À partir des citations surlignées, formuler des idées secondaires (ou des concepts) dans la marge de l'extrait. Choisir les deux meilleures idées secondaires.

> **Note :** Après ces étapes, vous avez tout ce qu'il faut pour rédiger le plan du ou des paragraphes.

 ### ▶ La réponse

p. 84

4° Formuler **l'idée principale** en reprenant les mots de la question ou du sujet et en y répondant brièvement. Si le thème est général, le préciser en tenant compte des deux idées secondaires.

p. VIII

5° Insérer **un organisateur textuel** pour amener **l'idée secondaire**. C'est l'élément qui servira à développer la réponse. (Il s'agit d'un aspect particulier qui apporte une précision à l'idée principale.)

6° Amener **l'illustration**. Vous pouvez commencer avec vos mots, puis faire suivre la citation. Ne pas oublier les guillemets, les crochets et la référence. Assurez-vous de mettre la citation en contexte, surtout si celle-ci comporte des pronoms. Il faut que le lecteur comprenne le contexte duquel provient l'illustration.

TRUC : Surligner les mots les plus importants de la citation. S'assurer d'en tenir compte dans le commentaire. Bien observer la ponctuation, les figures de style, la classe des mots, le choix du vocabulaire, le temps des verbes, etc.

 p. 84

7° Rédiger **le commentaire** (ou l'explication). Faire le lien entre la citation et l'idée secondaire. Faire comprendre pourquoi la citation est pertinente et pourquoi elle appuie bien l'idée secondaire. Il faut toujours supposer que le lecteur ne comprend pas pourquoi votre citation est bonne par rapport à l'idée secondaire. Éviter de répéter les mots déjà utilisés dans l'idée principale, dans l'idée secondaire ou dans la citation (à moins de les faire ressortir). Assurez-vous de traiter du fond (contenu / quoi) et de la forme (formulation / comment).

8° Reprendre les étapes 5 à 7 pour **la deuxième idée secondaire** développée.

9° Insérer un organisateur textuel pour introduire **la conclusion**. Formuler la conclusion en une seule phrase. Ainsi, vous signifiez au lecteur que vous avez terminé votre travail. Il s'agit de faire une synthèse du paragraphe ou un bref rappel des deux idées développées.

RÉDIGER UN PARAGRAPHE STRUCTURÉ
Le fond et la forme : enrichir le commentaire

Voici un tableau qui met en parallèle les notions de fond et de forme. C'est à partir de ces éléments que vous rédigez un paragraphe structuré qui sera enrichi grâce à la forme ajoutée au commentaire.

Quand on développe le contenu, alors on traite du fond, c'est le propos du texte. Il faut alors expliquer le sens du texte (de quoi il traite). Si on s'attarde plus en profondeur à la forme (comment le texte est écrit), l'explication du lien qui existe entre l'illustration et l'idée secondaire sera nettement plus solide. Il faut évidemment repérer les procédés formels et les présenter, mais encore faut-il les interpréter pour faire ressortir leur pertinence.

Fond	Forme
De quoi traite le texte	Comment le texte est traité.
Le contenu du texte	La manière dont le texte est écrit.
Les idées et les thèmes que l'auteur développe dans son texte.	Les moyens techniques qui sont mis en place pour transmettre une idée.
Les éléments à considérer pour analyser le fond : • le sujet du texte et son propos ; • les idées qui sont développées ; • les thèmes.	Les éléments à considérer pour analyser la forme : • le vocabulaire ; • le temps des verbes ; • la ponctuation ; • les figures de style ; • les champs lexicaux ; etc.
Ce que l'on a compris.	Ce que l'on a remarqué dans la formulation privilégiée par l'auteur.

▶ **Voici les figures de style que l'on rencontre le plus fréquemment dans les textes.**

Figures de style les plus courantes		
Antithèse (opposition)	Rapprochement de deux mots pour les opposer à l'intérieur d'une phrase, d'une strophe.	Je suis <u>heureux</u> et <u>triste</u> en même temps.
Comparaison	Rapprochement entre deux éléments au moyen d'un outil grammatical (*comme, de même que, ainsi que, aussi, plus/moins que, semblable à, tel [que], pareil à, ressembler à, avoir l'air de, faire penser à*, etc.).	• Son regard est <u>pareil au</u> mien. • <u>Tel</u> père, <u>tel</u> fils. • Il est beau <u>comme</u> un prince.
Énumération	Suite d'éléments.	Elle énumère ses malheurs : <u>les anciens</u>, <u>les nouveaux</u>, <u>les petits</u>, <u>les grands</u>.
Gradation	Énumération de mots dans un ordre croissant (gradation ascendante) ou décroissant (gradation descendante).	Je l'aime un peu, beaucoup, énormément, passionnément.
Hyperbole (exagération)	Accentuation d'une idée.	J'ai <u>mille et une</u> choses à faire aujourd'hui.
Métaphore	Comparaison sans l'aide d'un outil grammatical.	Cet homme est un <u>fin renard</u> !
Répétition (insistance)	Reprise d'un même mot ou d'une même expression.	C'est un <u>fou</u>, un <u>fou</u> athlétique.

Principaux signes de ponctuation et leur rôle	
Point d'exclamation	Il intensifie les sentiments et les émotions. Il peut exprimer : • l'admiration : *Quelle belle robe !* • la tristesse : *Quel malheur !* • le regret, après une interjection : *Hélas ! Ah !* • l'étonnement : *Vraiment !* • la colère et l'indignation : *Et dire que je vous ai cru !* • etc.
Point d'interrogation	Il est utilisé dans une phrase interrogative directe. Il peut exprimer : • le doute : *Est-il de bonne foi ?* • l'invitation : *Est-il possible de nous rencontrer ?* • le regret : *Pourquoi ne l'avez-vous pas dit avant ?* • l'ironie : *Vous le croyez vraiment ?* • l'introspection d'un personnage • etc.
Points de suspension	Ils interrompent le discours. Ils peuvent exprimer : • une hésitation : *Je choisirai peut-être cette robe...* • un silence lourd de sens : *Il ne revient toujours pas...* • la réticence : *Je ne dis pas tout...* • qu'un interlocuteur coupe la parole : *Voici une liste de... Oh, toi et tes listes !* • que le narrateur laisse imaginer la suite : *Encore une que le loup va manger...* • etc.
Virgule	• Elle sert à détacher un mot ou un groupe de mots pour le mettre en relief : *Elle est adorable, cette maison rustique, cachée par les arbres.* • Elle sépare les éléments dans une énumération : *Voici des fruits, des fleurs et des feuilles.*

La ponctuation est nécessaire pour articuler le texte, en clarifier le sens, ajouter à son expressivité et éviter les ambigüités. Certains écrivains ont recours à la ponctuation expressive pour obtenir un effet de style.

▶ **Voyons quels sont les procédés formels utilisés dans ces deux phrases.**

1 M'apporterais-tu ce livre, s'il te plait ?

2 Apporte-moi ce livre immédiatement !

Ces deux énoncés comportent le même message : on demande à quelqu'un d'apporter un livre. C'est ce que l'on comprend du fond ; il s'agit du contenu du message.

Toutefois, la formulation de la demande est différente dans les deux phrases. Si l'on s'attarde à la formulation, on peut alors voir la nuance dans le message.

• M'apport<u>erais</u>-tu ce livre, <u>s'il te plait</u> ?
  – Verbe au conditionnel : il s'agit d'une demande qui suggère un futur rapproché sans toutefois en donner l'obligation. (Aucun indice de temps.)
  – L'expression « s'il te plait » montre que le locuteur fait une demande en demeurant poli.
  – Le point d'interrogation indique qu'il s'agit d'une question.

• <u>Apporte</u>-moi ce livre <u>immédiatement</u> !
  – Verbe à l'impératif : il s'agit d'un ordre. D'ailleurs, on ne remarque aucun signe de politesse dans cette phrase affirmative. On peut donc supposer que le ton est beaucoup plus direct et que le destinataire doit exécuter la commande qui lui est faite.
  – L'adverbe de temps « immédiatement » fait ressortir l'urgence de donner suite à la demande.
  – La ponctuation exclamative montre une certaine impatience du demandeur.

RÉDIGER UN PARAGRAPHE STRUCTURÉ

Le modèle : *Chère voisine*

Travail préparatoire à partir de la question et du texte	
1° Souligner les mots clés dans la question.	<u>Décrivez</u> les <u>causes</u> qui contribuent à <u>intensifier</u> la <u>peur</u> de <u>Louise</u>.
2° Chercher des éléments de réponse dans le texte.	« le crépuscule lui parut menaçant » (l. 1). « Parce que le ciel était cramoisi, on aurait dit qu'il narguait les femmes, toutes les femmes du quartier angoisseraient, ce soir-là, de rentrer chez elles » (l. 5-6). « Elle vit un homme [...] à quelques maisons derrière elle » (l. 16-17). « Elle était à quelques mètres de chez elle, ce serait trop bête » (l. 18-19).
3° À partir de chaque citation, déduire l'idée (le concept) qui s'y rattache. Choisir deux idées secondaires.	Lignes 1, 5-6 : la nuit tombante éveille l'impression d'un danger. Lignes 16-19 : l'arrivée d'un inconnu la terrifie.

Construction de la réponse	
4° **Idée principale** Formuler la première phrase à l'aide des mots clés de la question et répondre brièvement à la question. L'idée principale doit englober les deux idées secondaires. 5° **Idée secondaire** Reprendre l'idée choisie. 6° **Illustration** Reprendre la ou les citations qui appuient cette idée. En surlignant les mots clés des citations, vous pourrez bien voir les éléments fond / forme qui nourriront votre commentaire. 7° **Commentaire** Justifier le choix de votre citation en expliquant, dans vos mots, sa pertinence. 8° **Reprendre les étapes 5 à 7** • Idée secondaire • Illustration • Commentaire 9° **Conclusion** Terminer la réponse à l'aide d'une phrase de rappel.	C'est l'environnement immédiat qui contribue à augmenter la peur de Louise. D'abord, la nuit tombante éveille l'impression d'un danger. C'est lorsqu'elle voit la coloration du ciel que Louise se rappelle la menace qui plane : « Parce que le ciel était cramoisi, on aurait dit qu'il narguait les femmes, toutes les femmes du quartier angoisseraient, ce soir-là, de rentrer chez elles » (l. 5-6). La couleur rouge foncé du ciel évoque le sang ; c'est pour cette raison que Louise craint que l'assassin fasse une autre victime. D'ailleurs, la répétition du nom « femmes » auquel est ajouté le déterminant « toutes » fait ressortir l'idée que le meurtrier peut s'attaquer à n'importe laquelle et que chacune doit se sentir en danger, effrayée d'être attaquée à la nuit tombante. Ensuite, l'arrivée d'un inconnu auprès d'elle terrifie Louise. La peur s'installe lorsqu'elle voit « un homme [...] à quelques maisons derrière elle » (l. 16-17). Bien qu'elle se rapproche de sa destination, la présence de l'homme crée un sentiment d'insécurité. De plus, l'idée d'être suivie par quelqu'un le soir lui fait imaginer le pire : « Elle était à quelques mètres de chez elle, ce serait trop bête » (l. 18-19). Dans l'expression « ce serait trop bête », l'adverbe « trop » signifie que Louise considère qu'elle a déjà parcouru une bonne distance et que ce serait vraiment de la malchance de tomber aux mains de l'assassin, alors qu'elle se trouve à quelques pas d'un endroit sûr. Finalement, le trajet de Louise pour rentrer chez elle s'avère être une source de peur.

Note : Les éléments formels sont encerclés.

RÉDIGER UN PARAGRAPHE STRUCTURÉ
Grille d'autoévaluation du paragraphe

1 Laissez les traces suivantes.
- Soulignez vos idées secondaires.
- Surlignez les mots clés de vos citations.
- Encadrez les organisateurs textuels.

2 Évaluez votre paragraphe.

Valeur et cohérence de l'idée principale	Oui	Non
Est-ce que l'idée principale (1re phrase du paragraphe) reprend bien le sujet de la consigne (idée principale déjà énoncée ou thème à préciser) ?		
Est-ce que l'idée principale annonce bien ce qui sera développé dans le paragraphe ?		
Pertinence des idées secondaires	**Oui**	**Non**
Les idées secondaires sont-elles présentes ?		
Apportent-elles une précision à l'idée principale ?		
Sont-elles justes ? (Précision du concept / de l'idée en fonction de la citation, vocabulaire approprié.)		
Les idées secondaires comportent-elles des termes répétitifs, provenant de la citation ou de l'idée principale ?		
Efficacité des illustrations	**Oui**	**Non**
Les citations choisies répondent bien à la question ou au sujet.		
Les citations appuient bien l'idée secondaire.		
Y a-t-il contextualisation des citations ? (Mise en contexte / en situation de la citation : *qui ? à qui ? quand ? quoi ?* etc.)		
Les citations sont-elles bien intégrées à la syntaxe ou introduites par une phrase syntaxique suivie du deux-points ?		
Les citations ne sont pas inutilement longues.		
Efficacité des explications / commentaires	**Oui**	**Non**
Le commentaire vient-il faire la preuve de la pertinence de la citation par rapport à l'idée secondaire ?		
Le commentaire est-il formulé dans des mots différents de ceux de la citation (sauf s'il y a une volonté de faire ressortir certains termes) et de l'idée secondaire ?		
Le commentaire est-il bien amené ? Il faut éviter les tournures répétitives, les mots sans valeur, etc.		
Les éléments formels ont-ils été identifiés et commentés ?		
Cohérence de l'organisation du paragraphe	**Oui**	**Non**
Les éléments obligatoires du paragraphe sont-ils présents ?		
Sont-ils dans le bon ordre ?		
La phrase de rappel reprend-elle l'idée principale ou les idées secondaires à l'aide de termes différents ?		
Existe-t-il une cohérence / une unité entre tous les éléments ?		
Les organisateurs textuels sont-ils adéquats ?		

PARTIE 2

DÉVELOPPER UNE MÉTHODE DE RÉVISION LINGUISTIQUE

Stratégies de révision et d'autocorrection

Indiquez votre méthode de révision et d'autocorrection.

1 À partir des résultats au « Bilan des apprentissages – Appliquer une méthode de révision linguistique » à la page 50 de la partie 1, définissez trois actions que vous effectuerez pour corriger la langue.

2 Pour chaque action, indiquez la règle ou le « truc », les traces visuelles de la démarche (couleur, flèche, etc.). Que ferez-vous ?

3 Appliquez votre méthode. Laissez les traces de la révision linguistique sur votre paragraphe.

4 Corrigez, s'il y a lieu, les mots pour lesquels vous avez relevé une erreur lors de l'application de vos stratégies. La correction peut se faire au-dessus du mot ou selon les consignes de l'enseignant.

❶ Je vérifie _____

> **Règle / Truc :** _____
> _____
>
> **Mes traces de révision sur le texte :** _____
> _____
> _____
> _____

❷ Je vérifie _____

> **Règle / Truc :** _____
> _____
>
> **Mes traces de révision sur le texte :** _____
> _____
> _____
> _____

❸ Je vérifie _____

> **Règle / Truc :** _____
> _____
>
> **Mes traces de révision sur le texte :** _____
> _____
> _____
> _____

BILAN DES APPRENTISSAGES
Rédiger un paragraphe structuré

! Avant de passer au module 5, vous devez connaître la procédure qui vous amène à rédiger de manière structurée un paragraphe qui comprend au moins deux idées secondaires. La procédure, à cette étape, doit être automatisée. La notion de paragraphe sera réinvestie puisque la compétence visée par les modules 5 et 6 prévoit que vous rédigiez un texte cohérent de 500 mots.

TF très facilement   **F** facilement   **D** difficilement   **TD** très difficilement

Travail préparatoire à la rédaction	Appréciation
Je sais repérer les mots importants de la question ou du sujet.	
Je cherche certains termes de la question dans le dictionnaire s'il y a lieu.	
Je repère les citations qui répondent le mieux à la question.	
Je déduis la bonne idée (concept) à partir de la citation.	
Je reconnais quelles idées sont les meilleures afin de les développer.	
Je laisse des traces de mon travail : annotations, surlignement, soulignement, etc.	

Rédaction	Appréciation
Je formule l'idée principale à l'aide des mots de la question et je donne une brève réponse.	
Je m'assure que les idées secondaires soient une précision de l'idée principale.	
Je sais comment introduire ou intégrer la citation.	
J'indique les guillemets, les crochets et la source de ma citation.	
Je cible l'essentiel de mes citations afin qu'elles ne soient pas inutilement longues.	
Je formule mon commentaire / explication afin de bien montrer que ma citation appuie l'idée secondaire.	
Je repère les procédés formels, les identifie et les explique dans mon commentaire.	
Je termine ma réponse à l'aide d'une phrase de rappel (conclusion).	
J'ajoute des organisateurs textuels dans ma réponse.	

Y a-t-il eu une amélioration depuis que j'ai rempli la grille de la partie 1 à la page 48 ?

_____

_____

Que dois-je réviser ou retravailler afin d'améliorer ma compétence à rédiger un paragraphe structuré ?

_____

_____

BILAN

BILAN DES APPRENTISSAGES

Développer une méthode de révision linguistique

! Ces stratégies devront être mises en application dans les deux prochains modules. Idéalement, il faudrait que vous puissiez réviser la langue efficacement, c'est-à-dire de manière juste et dans un temps plus court.

Retournez au document *Stratégies de révision et d'autocorrection* à la page 88.

Vos stratégies de révision et d'autocorrection vous ont-elles permis de corriger l'ensemble de vos erreurs ?

_____

_____

_____

Déterminez les catégories d'erreurs qui perdurent.

_____

_____

_____

_____

_____

_____

_____

**Comment comptez-vous régler ces difficultés dans les prochains modules ?
Proposez quelques stratégies.**

_____

_____

_____

_____

_____

_____

_____

_____

_____

_____

_____

PARTIE 3 :

Objectifs des modules 5 et 6

Rédiger une introduction et une conclusion
Théorie

Rédiger un texte de 500 mots
Théorie

Bilan des apprentissages des modules 5 et 6

MODULE 5
DES APPARENCES TROMPEUSES

GABRIELLE ROY (1909-1983)

Après avoir connu le succès avec *Bonheur d'occasion*, où elle abordait des thèmes comme ceux de la pauvreté et de la famille, Gabrielle Roy fait état des mêmes problèmes sociaux dans *Ces enfants de ma vie*, mais cette fois en employant un ton beaucoup plus intimiste, proche de l'autobiographie.

En effet, Gabrielle Roy, qui a enseigné pendant huit ans au Manitoba avant d'entreprendre sa carrière d'écrivaine, s'est inspirée de son expérience pour composer ce roman qui décrit, à travers le regard d'une jeune institutrice, les drames que vivent six élèves d'origines différentes. Cet extrait est tiré du sixième récit, intitulé «De la truite dans l'eau glacée», qui raconte les sentiments troubles qu'éprouve la jeune enseignante à l'endroit d'un de ses élèves, Médéric. Au grand désarroi de son père, celui-ci s'intéresse davantage à la connaissance de la nature qu'à ses études.

Ces
▓▓▓ENFANTS
de **ma vie**

THÈME DU PASSAGE RÊVE DE JEUNESSE

Tout à coup, je m'entendis interpellée:

— Vous qu'on dit une excellente institutrice, ayant le tour de faire avancer les enfants, dites-moi bien franchement: ai-je raison, ou est-ce de l'argent et du temps perdus, d'espérer de mon garçon qu'il fasse de bonnes études? Est-il au moins intelligent?

5 Je croisai le regard de Médéric où s'amassait dans le violet sombre de la pupille le signe d'une vieille hostilité prête à renaître. C'est à lui que je fis ma réponse:

— En un sens, Médéric est mon meilleur élève, le plus fidèle, le plus attaché à ce qu'il aime, dans la nature, par exemple…

Rodrigue Eymard donna un grand coup de poing sur la table.

10 — La nature, la nature! je m'en moque! Ce que je veux c'est de l'instruction. Si Médéric est si doué pourquoi ne me donne-t-il pas la satisfaction d'être premier de classe?

— Peut-être parce que le cœur n'y est pas.

Rodrigue Eymard éclata alors d'un rire prodigieusement méprisant et grossier, sans s'expliquer davantage. Je ne savais vraiment plus que penser de cet homme. Par

15 moments, son ton larmoyant était bien celui d'un ivrogne qui cherche à apitoyer[1] sur son sort. Puis je sentais peser sur moi un regard lourd et perspicace[2]. Il me scrutait avec une attention dont je ne percevais pas le sens. De nouveau surprise par son changement de ton, je l'entendais maintenant me donner raison avec une sorte de douceur:

---

1. **Apitoyer**: attendrir.
2. **Perspicace**: clairvoyant.

— Bien sûr, il faut que le cœur y soit, comme vous le dites si bien. Mais il y a
20 cœur et cœur. On peut se tromper drôlement dans ces histoires de cœur.

«Ainsi, moi, je me suis trompé du tout au tout. À l'âge de Médéric, poursuivit-il
moitié rêvant, j'aimais l'étude, j'étais doué, je pense. Dieu sait ce qui aurait pu arriver
si alors j'avais été guidé par quelqu'un qui aurait pris mon avenir en considération.»

J'étais de nouveau sidérée[3], car, à présent, dans le visage raviné[4] et les yeux appe-
25 santis[5], je croyais apercevoir l'indicible[6] souffrance de retrouver au bout d'une vie
ratée le souvenir d'un rêve de jeunesse. Je l'écoutai mieux, prise malgré moi de pitié
pour ce pompeux[7] homme souffrant.

— C'est pourquoi, me confia-t-il comme en secret, me tirant par la manche,
je tiens tellement à ce que Médéric accomplisse ce que j'ai tant souffert de n'avoir pu
30 atteindre, puis subitement cria à pleine voix: ou je le briserai, le briserai…

Mais aussitôt il se radoucit et se prit de nouveau à me dévisager, cette fois avec une
sorte d'intérêt affectueux qui me remplit de malaise.

— Vous qui avez sur lui tant d'influence, me dit-il, dont il écoute le moindre mot,
ne pourriez-vous pas le convaincre de se mettre sérieusement à l'étude?
35 — Je fais tout mon possible, monsieur Eymard.

— Tout votre possible?

Le ton ou peut-être l'expression du visage laissait transpercer une déplaisante
arrière-pensée dont j'étais en peine de comprendre vers quoi elle tendait.

— Le possible des maîtresses avant vous, c'était pas grand-chose, je l'admets. Mais
40 vous qui êtes jeune, fine, et, permettez-moi de vous le dire, jolie à ravir, votre possible
n'est-il pas irrésistible?

Médéric et moi, depuis que le discours de son père avait pris ce tour douteux,
évitions de nous regarder, mais à ce moment nos yeux ne purent s'empêcher de se
chercher dans la peur de voir notre franche camaraderie exposée à la salissure.
45 Mais Rodrigue Eymard changea encore une fois de sujet et en revint à sa hantise
de voir Médéric accomplir ce que lui-même n'avait pu réaliser.

— C'est fort ce désir, mademoiselle, me dit-il.

Et moi, le croyant encore une fois sur parole, le plaignis de nouveau, tout en lui
faisant observer qu'il aurait plus de succès avec Médéric s'il le laissait suivre sa voie à
50 lui, s'instruisant à sa manière, heureux à sa manière.

Tout alourdi qu'il était par le vin, Rodrigue me coula alors sous ses lourdes paupières un regard d'une telle malveillance qu'il me parut sur le coup dégrisé.

— Heureux à sa manière! Est-ce cela que vous allez lui chanter quand vous partez
seule avec lui pour la journée dans les collines?
55 Je réussis à me contenir sous l'insulte, m'obligeant à regarder au-delà des rideaux
d'une dentelle à lourdes mailles le dehors qui devenait menaçant. Quand j'eus
recouvré un peu de calme, je me hasardai à remarquer:

— Le mauvais temps s'aggrave de minute en minute. Je ferais bien de partir
maintenant.
60 De nouveau éclata de rire le maître du logis.

— Mais non, mais non! La grande tourmente[8] ne se déchaînera pas avant une
heure ou deux encore. Nous avons le temps de passer au salon prendre le café.

Debout, il parut chancelant, chercha l'appui de mon épaule.

— Je ne suis plus bien de ma santé, mademoiselle, en dépit des apparences. Je pourrais
65 partir rapidement pour tout ce qu'on en sait… Bien entendu, c'est Médéric qui hérite

3. **Sidérée**: étonnée.
4. **Raviné**: ridé.
5. **Appesantis**: alourdis.

6. **Indicible**: difficile à exprimer.
7. **Pompeux**: qui agit d'une manière affectée et ridicule.
8. **Tourmente**: tempête violente.

de tout et, plus tard, ma future bru si elle est choisie selon mon goût... Voyez-vous, j'aime mon garçon à ma manière, car j'ai pensé même à cela. [...]

[...] Ce qui me donne un peu d'espoir, c'est que vous avez de l'influence sur lui, que vous pourriez en avoir davantage si vous y teniez et, sachez-le, mademoiselle, le
70 père Eymard n'est pas un ingrat.

Appuyé à un meuble, le visage détourné, Médéric, pour ne plus écouter son père parler de lui comme s'il n'eût pas été présent, fuyait des yeux, le visage devenu pâle à me faire peine. Je rapprochai de cet instant l'image que j'avais de lui lorsque du plateau au sommet des collines, contemplant l'infini déroulement paisible sous nos yeux, il
75 n'avait pu s'empêcher, dans la confiance, de me prendre à témoin: «Mamzelle, d'ici, c'est comme si le monde était à nous!»

Ce qui me fit pourtant le plus mal en ce moment ce fut peut-être de déceler dans le profil de Médéric une certaine ressemblance avec son père.

— Encore que ça ne lui ferait pas tort, continua Rodrigue, d'aller se frotter aux
80 jeunes sauvagesses[9]. Elles sont aguichantes et précoces. Le nigaud apprendrait peut-être qu'il sera bientôt d'âge à plaire. Toutefois, s'il veut bien m'écouter, ce que je lui en dirais, c'est d'attendre qui en vaut la peine. Or, dans nos pauvres campagnes où les femmes sont ignorantes et abruties[10], qui donc en vaut la peine sinon la petite demoiselle de l'école, qui nous descend, autant dire, quelque beau jour, du ciel. L'ai-je assez attendue,
85 moi, quand j'avais l'âge de cet écervelé, un peu plus vieux peut-être, ma petite maîtresse d'école, que je sortirais, que j'emmènerais aux veillées... mais elle n'est pas venue dans mon temps pour me sauver de mon ignorance, guider ma vie.

Dans son apitoiement sur soi, il eut les yeux mouillés.

— Mon garçon lui a la chance que vous soyez venue, poursuivit-il. Aussi bien je lui dis:
90 ne manque pas ton coup avec la petite demoiselle de l'école. C'est ton salut[11], mon enfant.

Je me levai et m'adressai à Médéric.

— Partons. Veux-tu me ramener?

Il sortit en courant, revint au salon revêtu de son manteau et m'apportant le mien qu'il m'aida à enfiler.

95 Nous accompagnant jusqu'au seuil, tout chancelant, Rodrigue Eymard me reprocha de partir trop tôt, avant que nous ayons pu faire vraiment connaissance. [...]

[...] [Médéric et moi] demeurions éloignés l'un de l'autre, chacun à son bout de siège et silencieux. Je jetais de temps à autre un regard sur Médéric et, à d'étranges lueurs se dégageant parfois de la neige gonflée, je lui voyais un visage blessé. À la fin,
100 il murmura à voix à peine intelligible[12]:

— Pardon, mamzelle. Je ne pouvais me douter qu'il vous insulterait sous notre toit. Je vois maintenant pourquoi il cherchait à m'amadouer[13] par toutes sortes de cadeaux. Ah, il a le tour! Au fond, mamzelle, mon père c'est le diable!

Je tendis la main pour prendre la sienne dans le souci de le réconforter, mais retins
105 mon geste, consciente que je ne l'oserais plus jamais maintenant, que je ne le devais plus; et du sentiment de cette privation me vint une peine confuse qui semblait s'étendre sur un avenir imprécis, car je ne savais trop qui était à plaindre, ou lui, ou moi, ou tout être qui, en atteignant l'âge adulte, perd une part vive de son âme avec sa spontanéité en partie détruite.

Gabrielle Roy, *Ces enfants de ma vie*, Montréal, Boréal, 1993, p. 150-155. © Fonds Gabrielle Roy.

• • •

9. **Sauvagesses**: Rodrigue fait allusion à son mariage avec une Amérindienne qui l'a délaissé pour retourner auprès des siens.
10. **Abruties**: sans intelligence.

11. **Salut**: chance de réussir.
12. **Intelligible**: compréhensible.
13. **Amadouer**: flatter quelqu'un pour en obtenir quelque chose.

Mieux COMPRENDRE le texte

1 Quelle conception se fait le père de Médéric du rôle de l'institutrice ?

_____

_____

_____

_____

_____

_____

_____

_____

2 À qui le père compare-t-il l'institutrice (l. 79-87) ? Pourquoi ?

_____

_____

_____

3 Trouvez dans le texte une phrase qui résume les attentes que Rodrigue Eymard place en son fils.

_____

_____

_____

_____

_____

Vers la RÉDACTION

p. 121-128

> La réussite scolaire d'un jeune passe par l'implication conjointe de l'enseignant et des parents. Montrez l'attitude de Rodrigue Eymard envers son fils et la réaction de l'enseignante dans cet extrait de *Ces enfants de ma vie* de Gabrielle Roy.

Exercice 1

a) Repérez et indiquez les différentes parties du sujet : sujet posé (SP) et sujet divisé (SD).

b) Encadrez le verbe qui indique l'action demandée.

c) À l'aide de deux surligneurs, indiquez les deux idées ou thèmes principaux à développer. Vous pourrez reprendre les mêmes couleurs pour surligner vos citations dans l'extrait.

Exercice 2 Suivez les étapes préalables à la rédaction des paragraphes. Laissez des traces de votre travail sur l'extrait : surlignement des citations, formulation des idées secondaires ou des concepts dans la marge, etc.

Exercice 3 Préparez-vous à la rédaction des paragraphes en complétant le plan de chaque paragraphe.

Paragraphe 1: L'attitude de Rodrigue Eymard envers son fils

Idée principale : _____

Idée secondaire : _____

Lignes des citations qui seront utilisées : _____

Idée secondaire : _____

Lignes des citations qui seront utilisées : _____

Paragraphe 2: La réaction de l'enseignante

Idée principale : _____

Idée secondaire : _____

Lignes des citations qui seront utilisées : _____

Idée secondaire : _____

Lignes des citations qui seront utilisées : _____

Exercice 4 Soumettez quelques idées qui pourraient servir à formuler le sujet amené et le sujet posé dans l'introduction.

Sujet amené	
Sujet posé	

Exercice 5 Soumettez quelques idées qui pourraient servir à la formulation de l'ouverture prévue dans la conclusion.

Ouverture	

a) Voici une réponse proposée au sujet que vous avez travaillé dans les exercices 1 à 5. Identifiez toutes les composantes de l'introduction et de la conclusion.

b) Dans les paragraphes, soulignez les idées secondaires et encadrez les organisateurs textuels qui amènent les idées secondaires et la conclusion.

L'école est accessible à tous et chaque élève doit trouver une source de motivation suffisante qui l'incitera à s'investir dans son apprentissage. La réussite scolaire d'un jeune passe aussi par l'implication conjointe de l'enseignant et des parents. Cette idée sera développée à partir de l'attitude de Rodrigue Eymard envers son fils et la réaction de l'enseignante.

Tout d'abord, Rodrigue Eymard agit de manière désobligeante envers son fils. En fait, il parle de lui de manière irrespectueuse. Pendant la discussion avec l'enseignante, il traite son fils de « nigaud » (l. 80) et d'« écervelé » (l. 85) sans se soucier de la présence du jeune garçon. Ces termes péjoratifs prouvent que le père n'a pas beaucoup d'estime pour son fils. De plus, cette façon de « parler de lui comme s'il n'eût pas été présent » (l. 72) prouve que le père Eymard ne tient pas compte des sentiments de son fils et qu'il n'a aucune retenue : ce qui lui importe, c'est de se vider le cœur. Ce ressentiment vient du fait que Rodrigue Eymard a des doutes sur les capacités intellectuelles de son fils. C'est la raison pour laquelle il demande à l'enseignante si son fils pourra réussir : « Est-il au moins intelligent ? » (l. 4). Pour le père, l'intelligence passe obligatoirement par de bons résultats scolaires. D'ailleurs, il le fait savoir assez clairement : « Pourquoi ne me donne-t-il pas la satisfaction d'être premier de classe ? » (l. 11). Le père attend donc beaucoup de son fils puisqu'il tient à ce que celui-ci se démarque des autres en montrant une intelligence supérieure. Finalement, Rodrigue Eymard n'est pas satisfait des résultats scolaires de son fils et il n'hésite pas à faire part de sa déception.

Ensuite, l'enseignante est suffisamment habile pour éviter de nuire davantage à la situation. Dans un premier temps, elle tente de faire ressortir les points forts de Médéric. En s'adressant directement à Médéric, elle répond que « [celui-ci] est [son] meilleur élève, le plus fidèle, le plus attaché à ce qu'il aime, dans la nature, par exemple… » (l. 7-8). Ainsi, elle cherche à mettre Médéric en valeur pour montrer au père que son fils a des champs d'intérêt personnels et qu'il peut s'appliquer lorsqu'il est motivé par une matière. Les points de suspension indiquent que l'enseignante a été interrompue par le « coup de poing sur la table » (l. 9) de Rodrigue Eymard qui n'a guère apprécié son intervention au profit de Médéric. Dans un deuxième temps, l'enseignante indique quelques causes pour justifier le rendement scolaire qui ne satisfait pas le père. Elle tente alors de faire comprendre au père que si «le cœur n'y est pas» (l. 12), il est plus difficile pour Médéric de s'intéresser aux matières scolaires. La jeune femme émet ensuite l'hypothèse que Rodrigue Eymard «aurait plus de succès avec Médéric s'il le laissait suivre sa voie à lui, s'instruisant à sa manière, heureux à sa manière» (l. 49-50). Elle cherche ainsi à faire comprendre au père que son garçon n'a pas les mêmes ambitions que lui et que le «rêve de jeunesse» (l. 26) du père n'est pas celui du fils. En somme, l'enseignante a tenté de limiter les dégâts en valorisant Médéric.

Pour conclure, le père Eymard n'a aucune considération pour son fils et ne l'aide en rien à réussir ses études. De son côté, l'enseignante fait ressortir les qualités de Médéric et ses champs d'intérêt. Alors que la dévalorisation de Médéric passe par le jugement du père, celle-ci sert plutôt d'alibi aux élèves décrits dans *Comme un roman* de Daniel Pennac, ce qui leur épargne ainsi d'avoir à faire des efforts.

L'AMÉRIQUE
au jour **le jour**

THÈME DU PASSAGE LE GRAND CANYON

SIMONE DE BEAUVOIR (1908-1986)

Le nom de Simone de Beauvoir, philosophe, essayiste et romancière française, est associé aux grandes luttes sociales et politiques du XXe siècle, notamment aux revendications féministes dont elle a été dans une large mesure l'instigatrice. Voyageuse infatigable et curieuse de tout – mœurs et paysages –, elle alimente ses œuvres de ses observations, comme dans cette *Amérique au jour le jour* où elle consigne le récit d'un long voyage effectué aux États-Unis ; elle jette sur tout ce qu'elle voit le regard d'une Européenne à la fois fascinée et choquée par cette Amérique de contrastes.

17 mars.

[...]

Le site est classé parc national ; rien ne l'altère[1]. Il y a une gare, mais elle est cachée dans les arbres, assez loin. Seuls un hôtel et à distance deux maisonnettes, qui sont des *curios-shops*[2] tenus par des Indiens, se dressent au bord de la falaise. Sur
5   le sentier tracé en surplomb, quelques bancs. C'est tout. L'hôtel est construit en rondins de bois noir, et décoré de tapis indiens ; des Indiens en costume, leurs longs cheveux noirs serrés par un ruban rouge, servent de porteurs et de valets de chambre. J'aime le hall sombre et coloré qui ne m'isole pas du paysage mais qui me l'annonce, qui m'invite à le découvrir. Je m'approche du précipice et je regarde les murailles
10 roses et rouges, ocre et soufre qui enserrent le Colorado. [...]

Il est trop tard aujourd'hui pour descendre vers la rivière : les caravanes de mulets sont parties le matin. Mais il y a un car cet après-midi qui suit la route en corniche[3] au-dessus des gorges[4]. La route serpente à travers des forêts de pins, s'éloigne du canyon aux courbes trop capricieuses, le rejoint ; à chaque rencontre, il y a un belvédère où les
15 touristes font une halte pieuse. Au dernier coude, qu'on peut considérer comme la fin du Canyon proprement dit, se dresse une tour ronde. Je retrouve ici le même climat qu'auprès du Niagara : on a fait les plus ingénieux efforts pour changer une merveille naturelle en une sorte de Luna Park. Des attractions variées sollicitent le touriste. Dans la grande salle ronde du rez-de-chaussée, les vitres sont disposées de façon à refléter
20 le paysage ; je ne sais par quel procédé elles en absorbent le trop-plein de lumière : à la vision directe qui est violente et crue[5] se substitue une vision « conditionnée » aux

---

1. **Altère** : change, modifie.
2. **Curios-shops** : boutiques de souvenirs.
3. **Corniche** : qui domine un à-pic.
4. **Gorges** : passages étroits entre deux montagnes.
5. **Crue** : vive.

couleurs filtrées et adoucies ; les visiteurs s'affairent autour de ces glaces sans tain[6] et les manœuvrent consciencieusement l'une après l'autre. Sur la terrasse se propose un autre jeu : on applique les yeux à une fente pratiquée dans une sorte de boîte et on voit le
25 monde à l'envers ; l'effet est vertigineux : le regard s'engouffre en chute verticale jusqu'au ciel, on se sent tomber. Dans la salle du premier étage, le guide commente des peintures indiennes. Nous montons l'escalier en spirale. De la terrasse supérieure, le coup d'œil est immense ; on aperçoit au loin un vaste plateau violet et rouge, aux couleurs si décidées qu'il semble avoir été peint à la main par un Gauguin mégalomane ; aussi
30 l'appelle-t-on le désert peint. Une dizaine de longues-vues, différemment orientées, s'offrent pour un nickel à tirer à vous le morceau de paysage que vous désirez. Quand nous rentrons à l'hôtel, vers cinq heures, on nous apprend que dans un pavillon[7] voisin, pourvu lui aussi d'un arsenal[8] de longues-vues, il y a dans la soirée une conférence avec projection de films sur le Grand Canyon. On offre au touriste tous les
35 moyens d'apprivoiser par des artifices[9] un spectacle par trop naturel ; c'est ainsi qu'en Amérique on consomme l'air « conditionné », la viande et les poissons congelés, le lait homogénéisé, les légumes et les fruits en conserve ; c'est ainsi qu'on introduit dans le chocolat une saveur artificielle de chocolat. Les Américains sont naturistes : mais ils n'admettent qu'une nature revue et corrigée par l'homme.
40   [...] Je vais m'asseoir à quelque cent mètres sur un des bancs et je regarde. Donc, j'ai voulu venir ici ; et m'y voilà. Je regarde en face de moi les murailles cyclopéennes. Coupée en deux, comme on peut couper en deux un biscuit fourré de crème et de confiture, c'est la terre avec ses couches superposées, ses coquillages, ses poissons, ses fougères incrustés dans les pierres des âges successifs ; on suit de bas en
45 haut la formation de la croûte terrestre. Le soleil est en train de se coucher, il ensanglante les rochers dont le rouge minéral se liquéfie puis s'évapore. [...]

18 mars.

Le mieux à faire, c'est de descendre au fond du Canyon ; ne plus le regarder seulement, mais le toucher et, pendant une journée, y vivre. Nous louons à l'hôtel des
50 *slacks*[10] bleus, des vestes, des gants. Les mules sont parquées dans un petit enclos, sous la garde de deux cow-boys aux costumes un peu trop voyants ; ils nous choisissent des montures à notre taille et nous aident à nous hisser en selle. Nous sommes environ une douzaine à faire cette excursion. Un des cow-boys prend la tête, un autre ferme la file. On nous photographie, tous en ligne, en haut du sentier : les photographies
55 nous attendront au retour. En dessous de nous, une caravane de quatre mules chargées de foin descend le chemin taillé dans le flanc de la falaise. Nous commençons à descendre nous aussi. Un écriteau prévient au départ : il est interdit d'emmener des chiens. Les mules marchent d'un pas égal ; à chaque tournant, elles foncent d'un air aveugle vers le précipice et à la dernière seconde elles font une conversion et gagnent
60 tranquillement le milieu du sentier : en une heure, on s'habitue. De loin en loin, une pancarte nous indique jusqu'à quel âge géologique nous nous sommes enfoncés ; on nous signale aussi des coquillages ou des fougères fossilisés[11]. Du haut en bas du sentier, les cabines téléphoniques sont disposées et on peut s'amuser à téléphoner à New York.
65   Nous descendons très lentement, bien plus lentement qu'à pas d'homme. Peu à peu, le paysage change ; il devient plus vrai. Nous avons quitté la falaise, nous traversons un

---

6. **Tain** : enduit métallique appliqué derrière une glace
   qui permet à la lumière de se réfléchir.
7. **Pavillon** : bâtiment.
8. **Arsenal** : au sens figuré, grande quantité.

9. **Artifices** : ruses, tromperies.
10. **Slacks** : pantalons
11. **Fossilisés** : conservés dans les dépôts sédimentaires
    de l'écorce terrestre (en parlant de corps organiques).

plateau couvert de touffes épineuses et bleues ; d'en haut, c'était seulement une surface
colorée ; elle a maintenant une épaisseur, une odeur, chaque touffe existe une à une et
les bleus en sont changeants. Au bout de trois heures, nous nous arrêtons au bord des
70 rochers plats qui surplombent à pic la rivière : ce n'était, d'en haut, qu'un mince filet
brillant ; d'ici c'est un torrent aux eaux larges et rapides, fraîches, tentantes, dangereuses ;
si je m'y baignais, elles changeraient encore. Mais nous n'allons pas jusqu'à elles. Nous
faisons halte un peu plus haut, près d'un point d'eau. Les mules mangent du foin et nous,
des sandwiches que les cow-boys nous distribuent. Je somnole un moment au soleil. Je
75 n'ai pas le temps, je sais : mais au lieu de cette promenade en caravane, il aurait fallu
marcher longtemps et seule dans ces sentiers, dormir au bord de l'eau, suivre la rivière
pendant des nuits et des nuits à pied ou en canoë : il aurait fallu vivre dans l'intimité du
Grand Canyon.

Simone de Beauvoir, *L'Amérique au jour le jour,*
Paris, © Éditions Gallimard, 1954, p. 176-179.

●●●

Mieux COMPRENDRE le texte

❶ Expliquez brièvement le sens des expressions suivantes et l'intention de l'auteure.

a) «les touristes font une halte <u>pieuse</u>» (l. 14-15) :

_____

_____

_____

b) «par un <u>Gauguin</u> mégalomane» (l. 29) :

_____

_____

_____

_____

c) «les murailles <u>cyclopéennes</u>» (l. 41-42) :

_____

_____

_____

_____

_____

❷ Même si les voyageurs s'enfoncent entre des couches géologiques aussi vieilles que
la Terre (l. 48 et suivantes), la narratrice remarque que l'efficacité américaine n'est
jamais bien loin. Relevez-en deux exemples.

_____

_____

_____

_____

_____

_____

Dans cet extrait de *L'Amérique au jour le jour* de Simone de Beauvoir, la narratrice porte un jugement sévère sur les Américains lors d'une scène de voyage au Grand Canyon. Montrez que l'ampleur des transformations de la nature peint une civilisation basée sur l'artificiel et l'utilitarisme.

Exercice 1

a) Repérez et indiquez les différentes parties du sujet.

b) Encadrez le verbe qui indique l'action demandée.

c) À l'aide de deux surligneurs, indiquez les deux idées ou thèmes principaux à développer. Vous pourrez reprendre les mêmes couleurs pour surligner vos citations dans l'extrait.

Exercice 2 Définissez les mots clés afin de bien comprendre le sujet.

_____

_____

_____

_____

Exercice 3 Présentez le plan de vos deux paragraphes.

Paragraphe 1: L'ampleur des transformations de la nature peint une civilisation basée sur l'artificiel.

Idée principale : _____

Idée secondaire : _____

Lignes des citations qui seront utilisées : _____

Idée secondaire : _____

Lignes des citations qui seront utilisées : _____

Paragraphe 2: L'ampleur des transformations de la nature peint une civilisation basée sur l'utilitarisme.

Idée principale : _____

Idée secondaire : _____

Lignes des citations qui seront utilisées : _____

Idée secondaire : _____

Lignes des citations qui seront utilisées : _____

Exercice 4 Soumettez une idée qui pourrait servir à formuler le sujet amené dans l'introduction.

Sujet amené _____

Exercice 5 En respectant votre plan, soumettez une idée qui pourrait servir à la formulation de l'ouverture prévue dans la conclusion.

Ouverture _____

La RÉDACTION

Maintenant que vous avez accompli les étapes préparatoires (exercices 1 à 5), rédigez un texte d'au moins 500 mots à partir du sujet proposé. Utilisez cette page pour faire le brouillon de votre plan. Écrivez votre rédaction sur une feuille à part. Reportez-vous à la procédure de la page 83 et si vous rédigez l'introduction et la conclusion, à la page 122.

_____

_____

_____

_____

_____

_____

_____

_____

_____

_____

_____

_____

_____

_____

_____

_____

_____

_____

_____

_____

_____

_____

_____

_____

_____

_____

↳ **RETOUR SUR LA RÉDACTION**

▶ Utilisez vos **stratégies de révision et d'autocorrection** du texte et de la langue aux pages 126 et 128, 47 et 88 à 90.

Moon
PALACE

PAUL AUSTER (1947)

Romancier et poète américain, amoureux de New York, Paul Auster explore dans ses œuvres certains mythes américains. Auteur d'une quarantaine de livres, il développe ses thèmes dans différents genres : policier, humoristique, mélan-colique, science-fiction, etc. Les thèmes qui ressortent le plus souvent sont ceux de la solitude, de la quête d'identité, de l'errance. Cette dernière peut être urbaine comme dans la *Trilogie new-yorkaise*, fantastique comme dans *Le voyage d'Anna Blume* ou presque une escapade comme dans *Moon Palace*.

Dans ce roman, l'auteur montre, entre autres, l'effet du dépouillement pro-gressif d'un orphelin, Marco Stanley Fogg, qui a élu refuge dans Central Park. Marco refuse de bouger, de travailler, de manger. Son désespoir doit être perçu comme une action ou plutôt une inaction lancée à la face du monde.

A près cela, je couchai tous les soirs dans le parc. Il était devenu pour moi un sanctuaire, un refuge d'intériorité contre les exigences énervantes
5 de la rue. Cela faisait plus de trois cents hectares[1] où vagabonder et, à la différence du quadrillage massif d'immeubles et de tours qui en dominait le pourtour, le parc m'offrait la possibilité de m'isoler, de me séparer du reste du monde. Dans les rues,
10 tout n'est que corps et commotions et, qu'on le veuille ou non, on ne peut y pénétrer sans adhérer à un protocole[2] rigoureux. Marcher dans une foule signifie ne jamais aller plus vite que les autres, ne jamais traîner la jambe, ne jamais rien faire qui risque de déranger l'allure du flot humain. Si on se conforme aux règles de ce jeu, les gens ont tendance à vous ignorer. Un vernis particulier ternit les yeux des New-Yorkais quand
15 ils circulent dans les rues, une forme naturelle, peut-être nécessaire, d'indifférence à autrui. Par exemple, l'apparence ne compte pas. Tenues extravagantes, coiffures bizarres, T-shirts imprimés de slogans obscènes – personne n'y fait attention. En revanche, quelque accoutrement qu'on arbore, la façon dont on se comporte est capitale. Le moindre geste étrange est immédiatement ressenti comme une menace. Parler seul à
20 voix haute, se gratter le corps, fixer quelqu'un droit dans les yeux : de tels écarts de conduite peuvent déclencher dans l'entourage des réactions hostiles et parfois violentes. On ne peut ni trébucher ni tituber[3], il ne faut pas se tenir aux murs, ni chanter, car toute attitude spontanée ou involontaire provoque à coup sûr des regards durs, des remarques caustiques[4], et même à l'occasion une bourrade ou un coup de pied dans
25 les tibias. Je n'en étais pas au point de subir pareils traitements, mais j'avais vu de telles choses se produire et je savais qu'un jour viendrait tôt ou tard où je ne serais

---

1. **Hectares** : un hectare équivaut à dix mille mètres carrés.
2. **Protocole** : respect des règles.
3. **Tituber** : vaciller.
4. **Caustiques** : moqueuses, piquantes.

plus capable de me contrôler. Par contraste, la vie dans Central Park[5] proposait une gamme plus étendue de variables. Personne ne s'y étonnait qu'on s'étende sur l'herbe pour s'endormir en plein midi. Personne ne tiquait[6] si l'on restait assis sous un arbre
30 à ne rien faire, si l'on jouait de la clarinette, si l'on hurlait à tue-tête. À part les employés de bureau qui en longeaient les limites à l'heure du déjeuner, la majorité des gens qui fréquentaient le parc se conduisaient comme s'ils avaient été en vacances. Les mêmes choses qui les auraient inquiétés dans la rue n'étaient ici considérées qu'avec une indifférence amusée. Les gens se souriaient et se tenaient par la main,
35 pliaient leurs corps en postures inhabituelles, s'embrassaient. C'était vivre et laisser vivre, et du moment qu'on n'intervenait pas directement dans l'existence des autres on était libre d'agir à sa guise.

Il est indiscutable que le parc me fit le plus grand bien. Il me donnait une possibilité d'intimité, mais surtout il me permettait d'ignorer la gravité réelle de ma situation.
40 L'herbe et les arbres étaient démocratiques, et quand je flânais au soleil d'une fin d'après-midi, ou quand, en début de soirée, j'escaladais les rochers en quête d'un endroit où dormir, j'avais l'impression de me fondre dans l'environnement, de pouvoir passer, même devant un œil exercé, pour l'un des pique-niqueurs ou des promeneurs qui m'entouraient. Les rues n'autorisaient pas de telles illusions. Quand je marchais dans la
45 foule, j'étais aussitôt accablé par la honte. Je me sentais tache, vagabond, raté, bouton obscène sur la peau de l'humanité. Chaque jour, je devenais un peu plus sale que le jour précédent, un peu plus dépenaillé et brouillon, un peu plus différent de tous les autres. Dans le parc, je n'avais pas à trimbaler ce fardeau de conscience de moi-même. J'y possédais un seuil, une frontière, un moyen de distinguer le dedans du dehors. Si
50 les rues m'obligeaient à me voir tel que les autres me voyaient, le parc m'offrait une chance de retrouver ma vie intérieure, de m'appréhender sur le seul plan de ce qui se passait au-dedans de moi. Je m'apercevais qu'il est possible de survivre sans un toit sur sa tête, mais pas sans établir un équilibre entre l'intérieur et l'extérieur. C'est ce que le parc faisait pour moi. Comme foyer, ce n'était pas grand-chose, sans doute, mais à
55 défaut de tout autre abri, c'en était assez proche.

Des choses inattendues m'y arrivaient sans cesse, des choses dont il me paraît presque impossible de me souvenir aujourd'hui. Un jour, par exemple, une jeune femme aux cheveux d'un roux éclatant vint me glisser dans la main un billet de cinq dollars – comme ça, sans la moindre explication. Une autre fois, je fus convié par un groupe de gens à
60 me joindre à eux pour un déjeuner sur l'herbe. Quelques jours plus tard, je passai un après-midi entier à jouer au *soft-ball*. Compte tenu de ma condition physique du moment, je m'en tirai honorablement (deux ou trois *singles*[7], une balle rattrapée en plongeon dans le champ gauche), et chaque fois que revenait le tour de mon équipe d'être à la batte, les autres joueurs m'offraient à manger, à boire et à fumer : des sandwiches géants
65 et des bretzels, des boîtes de bière, des cigarettes. Ce furent des moments heureux, et ils m'ont aidé à franchir certaines périodes plus sombres, quand la chance paraissait m'avoir abandonné. Peut-être était-ce là tout ce que je m'étais jamais appliqué à prouver : que dès lors qu'on a jeté sa vie à tous les vents, on découvre des choses qu'on n'avait jamais soupçonnées, des choses qu'on ne peut apprendre en nulle autre circonstance.
70 J'étais à moitié mort de faim, mais chaque fois qu'un événement heureux survenait, je l'attribuais moins à la chance qu'à un état d'esprit particulier. Que penser, sinon, des extraordinaires gestes de générosité dont je fus l'objet à Central Park ? Je ne demandais jamais rien à personne, je ne bougeais pas de ma place, et pourtant des inconnus venaient

---

5. **Central Park** : parc au cœur de la ville de New York.
6. **Tiquait** : (fam.) avait l'attention arrêtée par un détail qui choque, déplait ou étonne.
7. **Singles** : coups sûrs.

sans cesse m'apporter de l'aide. Une force devait émaner de moi vers le monde, pensais-je,
75 quelque chose d'indéfinissable qui donnait aux gens l'envie d'agir ainsi. Avec le temps,
je commençai à remarquer que les bonnes choses n'arrivaient que lorsque j'avais renoncé
à les espérer. Si c'était vrai, l'inverse devait l'être aussi : trop espérer les empêcherait de
se produire. C'était la conséquence logique de ma théorie, car si je m'étais prouvé que
je pouvais exercer sur autrui une attirance, il s'ensuivait que je pouvais le repousser. En
80 d'autres termes, on n'obtenait ce qu'on désirait qu'en ne le désirant pas.

Paul Auster, *Moon Palace*, © Actes Sud, 1990,
p. 95-99. Traduit de l'américain par Christine Le Bœuf.

● ● ●

Mieux COMPRENDRE le texte

❶ Pour le narrateur, quels avantages offre le parc par rapport à la rue ?

_____

_____

_____

_____

_____

_____

_____

_____

_____

❷ Lequel des deux lieux présentés dans le texte exige le plus de contrôle de soi ? Justifiez votre réponse.

_____

_____

_____

_____

❸ Qu'est-ce qui est indispensable au narrateur pour survivre ?

_____

_____

_____

_____

❹ Le narrateur est-il un homme ou une femme ? Prouvez-le à l'aide d'exemples tirés du texte.

_____

_____

_____

_____

 Vers la
RÉDACTION

 p. 121-128

Dans cet extrait de *Moon Palace* de Paul Auster, l'environnement peut contribuer à améliorer le sort de l'homme. Montrez les désavantages de circuler dans les rues de la ville et les avantages de vivre à Central Park.

Exercice 1

a) Repérez et indiquez les différentes parties du sujet.

b) Encadrez le verbe qui indique l'action demandée.

c) À l'aide de deux surligneurs, indiquez les deux idées ou thèmes principaux à développer. Vous pourrez reprendre les mêmes couleurs pour surligner vos citations dans l'extrait.

Exercice 2 Complétez le plan des deux paragraphes.

Paragraphe 1: Les désavantages de circuler dans les rues de la ville.

Idée principale : _____

Idée secondaire : _____

Lignes des citations qui seront utilisées : _____

Idée secondaire : _____

Lignes des citations qui seront utilisées : _____

Paragraphe 2: Les avantages de vivre à Central Park.

Idée principale : _____

Idée secondaire : _____

Lignes des citations qui seront utilisées : _____

Idée secondaire : _____

Lignes des citations qui seront utilisées : _____

Exercice 3 Soumettez une idée qui pourrait servir à formuler le sujet amené dans l'introduction.

Sujet amené : _____

Exercice 4 En respectant votre plan, soumettez une idée qui pourrait servir à la formulation de l'ouverture prévue dans la conclusion.

Ouverture : _____

La RÉDACTION

Maintenant que vous avez accompli les étapes préparatoires (exercices 1 à 4), rédigez un texte d'au moins 500 mots à partir du sujet proposé. Utilisez cette page pour faire le brouillon de votre plan. Écrivez votre rédaction sur une feuille à part. Reportez-vous à la procédure de la page 83 et si vous rédigez l'introduction et la conclusion, à la page 122.

_____

_____

_____

_____

_____

_____

_____

_____

_____

_____

_____

_____

_____

_____

_____

_____

_____

_____

_____

_____

_____

_____

_____

_____

↳ RETOUR SUR LA RÉDACTION

▶ Utilisez vos **stratégies de révision et d'autocorrection** du texte et de la langue aux pages 126 et 128, 47 et 88 à 90.

Maria
CHAPDELAINE

THÈME DU PASSAGE LA MORT DE
FRANÇOIS PARADIS

LOUIS HÉMON (1880-1913)

Louis Hémon, auteur d'un des plus célèbres romans québécois, *Maria Chapdelaine*, est un Français qui, après avoir vécu plusieurs années en Angleterre, vient s'établir au Canada. Il trouve du travail à Péribonka, au Lac-Saint-Jean, comme garçon de ferme. C'est là qu'il imagine cette histoire d'une jeune fille éprise d'un coureur des bois, François Paradis, qui mourra tragiquement, égaré dans une tempête de neige, sur le chemin qui le ramenait vers sa bien-aimée.

Maria Chapdelaine, dont le succès fut prodigieux, a fait l'objet de nombreuses éditions et traductions à travers le monde. Cette œuvre a d'ailleurs fortement contribué à répandre à l'étranger une vision passéiste du Canada français, ce pays où «rien ne doit mourir et rien ne doit changer».

L e gel avait fait des vitres autant de plaques de verre dépoli, opaques[1], qui abolissaient le monde du dehors; mais Maria ne les vit même pas, parce que les larmes avaient commencé à monter en elle et l'aveuglaient. Elle resta là quelques instants, immobile, les bras pendants, dans une attitude d'abandon pathétique[2]; puis son chagrin
5 tout à coup se fit plus poignant et l'étourdit; machinalement elle ouvrit la porte et sortit sur les marches du perron de bois.

Vu du seuil, le monde figé dans son sommeil blanc semblait plein d'une grande sérénité; mais dès que Maria fut hors de l'abri des murs, le froid descendit sur elle comme un couperet[3], et la lisière lointaine du bois se rapprocha soudain, sombre façade
10 derrière laquelle cent secrets tragiques, enfouis, appelaient et se lamentaient comme des voix.

Elle se recula avec un gémissement, referma la porte et s'assit près du poêle, frissonnante. La stupeur[4] première du choc commençait à se dissiper; son chagrin s'aiguisa, et la main qui lui serrait le cœur se mit à inventer des pincements, des déchirures, vingt tortures rusées
15 et cruelles.

---

1. **Opaques**: qui coupent le passage de la lumière.   3. **Couperet**: couteau à large lame.
2. **Pathétique**: bouleversant.   4. **Stupeur**: étonnement.

PARTIE 3

Comme il a dû pâtir[5] là-bas dans la neige! songe-t-elle, sentant encore sur son visage la morsure rapide de l'air glacé. Elle a bien entendu dire, par des hommes que le même destin a effleurés, que c'était une mort insensible et douce, au contraire, toute pareille à un assoupissement; mais elle n'arrive pas à le croire et les souffrances
20 que François a peut-être endurées avant de s'abandonner sur le sol blanc défilent dans sa pensée à elle comme une procession sinistre.

Point ne lui est besoin de voir le lieu; elle connaît assez bien l'aspect redoutable des grands bois en hiver: la neige amoncelée jusqu'aux premières branches des sapins, les buissons d'aulnes[6] enterrés presque en entier, les bouleaux et les trembles dépouillés
25 comme des squelettes et tremblant sous le vent glacé, le ciel pâle se révélant à travers le fouillis des aiguilles vert sombre. François Paradis s'en est allé à travers les troncs serrés, les membres raides de froid, la peau râpée par le *norouâ* impitoyable, déjà mordu par la faim, trébuchant de fatigue; ses pieds las[7] n'ont plus la force de se lever assez haut et souvent ses raquettes accrochent la neige et le font tomber sur les
30 genoux.

Sans doute dès que la tempête a cessé il a reconnu son erreur, vu qu'il marchait vers le Nord désert, et de suite il a repris le bon chemin, en garçon d'expérience qui a toujours eu le bois pour patrie. Mais ses provisions sont presque épuisées, le froid cruel le torture encore; il baisse la tête, serre les dents et se bat avec l'hiver meurtrier,
35 faisant appel aux ressources de sa force et de son grand courage. Il songe à la route à suivre et à la distance, calcule ses chances de survivre, et par éclairs pense aussi à la maison bien close et chaude où tous seront contents de le revoir; à Maria qui saura ce qu'il a risqué pour elle et lèvera enfin sur lui ses yeux honnêtes pleins d'amour.

Peut-être est-il tombé pour la dernière fois tout près du salut, à quelques arpents
40 seulement d'une maison ou d'un chantier – c'est souvent ainsi que cela arrive. Le froid assassin et ses acolytes se sont jetés sur lui comme sur une proie; ils ont raidi pour toujours ses membres forts, couvert de neige le beau visage franc, fermé ses yeux hardis[8] sans pitié ni douceur; fait un bloc glacé de son corps vivant... Maria n'a plus de larmes; mais elle frissonne et tremble ainsi qu'il a dû trembler et frissonner,
45 lui, avant que l'inconscience miséricordieuse[9] ne vienne; et elle se serre contre le poêle avec une grimace d'horreur et de compassion[10] comme s'il était en son pouvoir de le réchauffer aussi et de défendre sa chère vie contre les meurtriers.

Louis Hémon, *Maria Chapdelaine*, 1914.

● ● ●

5. **Pâtir**: souffrir.
6. **Aulnes**: petits arbres qui poussent dans les milieux humides.
7. **Las**: fatigués.

8. **Hardis**: déterminés.
9. **Miséricordieuse**: qui montre de la pitié.
10. **Compassion**: sentiment qui pousse à partager les souffrances d'autrui.

Mieux COMPRENDRE le texte

1 Quel est le sens du mot «norouâ» (l. 27), que l'on rencontre aussi sous les graphies «norois» ou «noroît» dans le dictionnaire? Pourquoi ce mot est-il écrit en italique dans le texte?

_____

_____

_____

_____

2 Donnez le champ lexical qui correspond à la saison mentionnée dans le texte.

_____

_____

_____

_____

3 Comment s'exprime le chagrin de Maria quand elle apprend la mort de celui qu'elle aime?

_____

_____

_____

_____

_____

_____

_____

_____

4 Dans l'expression «le froid assassin et ses acolytes» (l. 40–41), que désigne le mot «acolytes»?

_____

_____

_____

_____

5 Délimitez les deux parties du texte en indiquant les numéros de lignes, puis donnez un titre à chacune d'elles.

• _____

• _____

La RÉDACTION

Rédigez un texte d'au moins 500 mots à partir du sujet proposé. Utilisez cette page pour faire le brouillon de votre plan. Écrivez votre rédaction sur une feuille à part. Reportez-vous à la procédure de la page 83 et si vous rédigez l'introduction et la conclusion, à la page 122.

> L'amour incite parfois l'humain à agir selon son cœur et non selon sa raison.
>
> Montrez cela à travers la témérité de François et la réaction de Maria dans cet
>
> extrait de *Maria Chapdelaine* de Louis Hémon.

↳ RETOUR SUR LA RÉDACTION

▶ Utilisez vos **stratégies de révision et d'autocorrection** du texte et de la langue aux pages 126 et 128, 47 et 88 à 90.

La CHASSE-GALERIE

I

Bien qu'on lui eût donné, au baptême, le prénom de Maxime, tout le monde au village l'appelait *Macloune*. Et cela, parce que sa mère, Marie Gallien, avait un défaut d'articulation qui l'empêchait de prononcer distinctement
5 son nom. Elle disait *Macloune* au lieu de Maxime, et les villageois l'appelaient comme sa mère.

C'était un pauvre hère[1] qui était né et qui avait grandi dans la plus profonde et dans la plus respectable misère.

Son père était un brave batelier qui s'était noyé, alors que
10 Macloune était encore au berceau, et la mère avait réussi tant bien que mal, en allant en journée à droite et à gauche, à traîner une pénible existence et à réchapper la vie de son enfant qui était né rachitique[2] et qui avait vécu et grandi, en dépit des prédictions de toutes les commères des alentours.

15 Le pauvre garçon était un monstre de laideur. Mal fait au possible, il avait un pauvre corps malingre auquel se trouvaient tant bien que mal attachés de longs bras et de longues jambes grêles qui se terminaient par des pieds et des mains qui n'avaient guère semblance humaine. Il était bancal, boiteux,
20 tortu-bossu comme on dit dans nos campagnes, et le malheureux avait une tête à l'avenant : une véritable tête de macaque en rupture de ménagerie. La nature avait oublié de le doter d'un menton, et deux longues dents jaunâtres sortaient d'un petit trou circulaire qui lui tenait lieu de bouche, comme des
25 défenses de bête féroce. Il ne pouvait pas mâcher ses aliments et c'était une curiosité que de le voir manger.

Son langage se composait de phrases incohérentes et de sons inarticulés qu'il accompagnait d'une pantomime très expressive. Et il parvenait assez facilement à se faire comprendre, même
30 de ceux qui l'entendaient pour la première fois.

En dépit de cette laideur vraiment repoussante et de cette difficulté de langage, Macloune était adoré par sa mère et aimé de tous les villageois.

C'est qu'il était aussi bon qu'il était laid, et il avait deux
35 grands yeux bleus qui vous fixaient comme pour vous dire :

---

1. **Hère** : personne qui fait pitié.
2. **Rachitique** : très maigre et faible.

HONORÉ BEAUGRAND (1848-1906)

Honoré Beaugrand est né dans un petit village du Québec. Il a été militaire, politicien, journaliste et écrivain. Alors qu'il était un jeune militaire, il rejoint l'armée française engagée dans une guerre au Mexique. Après la victoire mexicaine, l'armée en déroute rentre en France et Honoré Beaugrand l'accompagne. Il s'installe ensuite aux États-Unis où il deviendra journaliste, puis poursuit sa carrière au Canada. Il fondera plusieurs journaux, notamment *L'écho du Canada*, *Le farceur*, *La patrie*. Entre 1885 et 1887, il sera maire de Montréal. Il est l'auteur de *Jeanne la fileuse* (1879) et du recueil *La chasse-galerie* (1900). Jusqu'à sa mort, il partagera son temps entre les voyages et l'écriture.

La chasse-galerie

Au Québec, les récits populaires se rapportent, la plupart du temps, aux «jeteurs de sorts», aux «revenants» et aux «quêteux». Dans ce récit intitulé «Macloune», le personnage principal est dépeint comme le «fou du village». Cette figure du fou traduit une réalité autrefois très répandue dans les campagnes québécoises et elle a inspiré bien des conteurs réalistes.

— C'est vrai! je suis bien horrible à voir, mais, tel que vous me voyez, je suis le seul support de ma vieille mère malade et, si chétif[3] que je sois, il me faut travailler pour lui donner du pain.

40 Et pas un gamin, même les plus méchants, aurait osé se moquer de sa laideur ou abuser de sa faiblesse.

Et puis, on le prenait en pitié parce que l'on disait au village qu'une sauvagesse[4] avait jeté un *sort* à Marie Gallien, quelques mois avant la naissance de Macloune. Cette sauvagesse était une faiseuse de paniers qui courait les campagnes et qui s'enivrait, dès qu'elle avait pu amasser assez de gros sous pour acheter une bouteille de whiskey; et c'était alors 45 une orgie qui restait à jamais gravée dans la mémoire de ceux qui en étaient témoins. La malheureuse courait par les rues en poussant des cris de bête fauve et en s'arrachant les cheveux. Il faut avoir vu des Sauvages sous l'influence de l'alcool pour se faire une idée de ces scènes vraiment infernales. C'est dans une de ces occasions que la sauvagesse avait voulu forcer la porte de la maisonnette de Marie Gallien et qu'elle avait maudit la 50 pauvre femme, à demi-morte de peur, qui avait refusé de la laisser entrer chez elle.

Et l'on croyait généralement au village que c'était la malédiction de la sauvagesse qui était la cause de la laideur de ce pauvre Macloune. On disait aussi, mais sans l'affirmer catégoriquement, qu'un quêteux de Saint-Michel de Yamaska qui avait la réputation d'être un peu sorcier, avait jeté un autre sort à Marie Gallien parce que la pauvre femme 55 n'avait pu lui faire l'aumône, alors qu'elle était elle-même dans la plus grande misère, pendant ses relevailles[5], après la naissance de son enfant.

II

Macloune avait grandi en travaillant, se rendait utile lorsqu'il le pouvait et toujours prêt à rendre service, à faire une commission, ou à prêter la main lorsque l'occasion se présentait. Il n'avait jamais été à l'école et ce n'est que très tard, à l'âge de treize ou 60 quatorze ans, que le curé du village lui avait permis de faire sa première communion. Bien qu'il ne fût pas ce que l'on appelle un simple d'esprit, il avait poussé un peu à la diable et son intelligence qui n'était pas très vive n'avait jamais été cultivée. Dès l'âge de dix ans, il aidait déjà sa mère à faire bouillir la marmite et à amasser la provision de bois de chauffage pour l'hiver. C'était généralement sur la grève du Saint-Laurent qu'il passait 65 des heures entières à recueillir les bois flottants qui descendaient avec le courant pour s'échouer sur la rive.

Macloune avait développé de bonne heure un penchant pour le commerce et le brocantage[6] et ce fut un grand jour pour lui, lorsqu'il put se rendre à Montréal pour y acheter quelques articles de vente facile, comme du fil, des aiguilles, des boutons, qu'il colportait 70 ensuite dans un panier avec des bonbons et des fruits. Il n'y eut plus de misère dans la petite famille à dater de cette époque, mais le pauvre garçon avait compté sans la maladie qui commença à s'attaquer à son pauvre corps déjà si faible et si cruellement éprouvé.

Mais Macloune était brave, et il n'y avait guère de temps qu'on ne l'aperçut sur le quai, au débarcadère des bateaux à vapeur, les jours de marché, ou avant et après la 75 grand'messe, tous les dimanches et fêtes de l'année. Pendant les longues soirées d'été, il faisait la pêche dans les eaux du fleuve, et il était devenu d'une habileté peu commune pour conduire un canot, soit à l'aviron pendant les jours de calme, soit à la voile lorsque les vents étaient favorables. Pendant les grandes brises du nord-est, on apercevait parfois Macloune seul, dans son canot, les cheveux au vent, louvoyant[7] en descendant le fleuve 80 ou filant vent arrière vers les îles de Contrecœur.

---

3. **Chétif**: frêle et maladif.
4. **Sauvagesse**: (terme péjoratif) pour «Amérindienne». Au 19e siècle, il était fréquent de voir dans les villages des Amérindiennes qui passaient vendre des paniers, des balais, des mocassins, etc.

5. **Relevailles**: période qui suit l'accouchement.
6. **Brocantage**: achat ou vente d'objets.
7. **Louvoyant**: zigzaguant.

Pendant la saison des fraises, des framboises et des *bluets*, il avait organisé un petit commerce de gros qui lui rapportait d'assez beaux bénéfices. Il achetait ces fruits des villageois pour aller les revendre sur les marchés de Montréal. C'est alors qu'il fit la connaissance d'une pauvre fille qui lui apportait ses bluets de la rive opposée du fleuve,
85 où elle habitait, dans la concession[8] de la Petite-Misère.

III

La rencontre de cette fille fut toute une révélation dans l'existence du pauvre Macloune. Pour la première fois il avait osé lever les yeux sur une femme et il en devint éperdument amoureux.

La jeune fille, qui s'appelait Marie Joyelle, n'était ni riche ni belle. C'était une pauvre
90 orpheline maigre, chétive, épuisée par le travail, qu'un oncle avait recueillie par charité et que l'on faisait travailler comme une esclave en échange d'une maigre pitance[9] et de vêtements de rebut qui suffisaient à peine pour la couvrir décemment. La pauvrette n'avait jamais porté de chaussures de sa vie et un petit châle noir à carreaux rouges servait à lui couvrir la tête et les épaules.

95 Le premier témoignage d'affection que lui donna Macloune fut l'achat d'une paire de souliers et d'une robe d'indienne à ramages[10], qu'il apporta un jour de Montréal et qu'il offrit timidement à la pauvre fille, en lui disant, dans son langage particulier :

— Robe, mam'selle, souliers, mam'selle. Macloune achète ça pour vous. Vous prendre, hein ?

100 Et Marie Joyelle avait accepté simplement devant le regard d'inexprimable affection dont l'avait enveloppée Macloune en lui offrant son cadeau.

C'était la première fois que la pauvre Marichette, comme on l'appelait toujours, se voyait l'objet d'une offrande qui ne provenait pas d'un sentiment de pitié. Elle avait compris Macloune, et sans s'occuper de sa laideur et de son baragouinage, son cœur avait
105 été profondément touché.

Et à dater de ce jour Macloune et Marichette s'aimèrent, comme on s'aime lorsqu'on a dix-huit ans, oubliant que la nature avait fait d'eux des êtres à part qu'il ne fallait même pas penser à unir par le mariage.

Macloune dans sa franchise et dans sa simplicité raconta à sa mère ce qui s'était passé,
110 et la vieille Marie Gallien trouva tout naturel que son fils eût choisi une bonne amie et qu'il pensât au mariage.

Tout le village fut bientôt dans le secret, car le dimanche suivant Macloune était parti de bonne heure, dans son canot, pour se rendre à la Petite-Misère dans le but de prier Marichette de l'accompagner à la grand'messe à Lanoraie. Et celle-ci avait accepté sans se
115 faire prier, trouvant la demande absolument naturelle, puisqu'elle avait accepté Macloune comme son cavalier, en recevant ses cadeaux.

Marichette se fit belle pour l'occasion. Elle mit sa robe à ramages et ses souliers français[11] ; il ne lui manquait plus qu'un chapeau à plumes comme en portaient les filles de Lanoraie, pour en faire une demoiselle à la mode. Son oncle, qui l'avait recueillie, était
120 un pauvre diable qui se trouvait à la tête d'une nombreuse famille et qui ne demandait pas mieux que de s'en débarrasser en la mariant au premier venu ; et autant, pour lui, valait Macloune qu'un autre.

Il faut avouer qu'il se produisit une certaine sensation[12], dans le village, lorsque sur le troisième coup[13] de la grand'messe Macloune apparut donnant le bras à Marichette.
125 Tout le monde avait trop d'affection pour le pauvre garçon pour se moquer de lui

---

8. **Concession** : terrain attribué par l'État.
9. **Pitance** : nourriture.
10. **À ramages** : à motifs de rameaux, de feuilles ou de fleurs.

11. **Souliers français** : souliers à boucles.
12. **Sensation** : excitation.
13. **Troisième coup** : la grand'messe était annoncée par trois coups de cloche.

ouvertement, mais on se détourna la tête pour cacher des sourires qu'on ne pouvait supprimer entièrement.

Les deux amoureux entrèrent dans l'église sans paraître s'occuper de ceux qui s'arrêtaient pour les regarder, et allèrent se placer à la tête de la grande allée centrale, sur des
130 bancs de bois réservés aux pauvres de la paroisse.

Et là, sans tourner la tête une seule fois, et sans s'occuper de l'effet qu'ils produisaient, ils entendirent la messe avec la plus grande piété.

Ils sortirent de même qu'ils étaient entrés, comme s'ils eussent été seuls au monde et ils se rendirent tranquillement à pas mesurés, chez Marie Gallien où les attendait le dîner
135 du dimanche.

— Macloune a fait une «blonde»! Macloune va se marier!

— Macloune qui fréquente la Marichette!

Et les commentaires d'aller leur train parmi la foule qui se réunit toujours à la fin de la grand'messe, devant l'église paroissiale, pour causer des événements de la semaine.
140 — C'est un brave et honnête garçon, disait un peu tout le monde, mais il n'y avait pas de bon sens pour un singe comme lui, de penser au mariage.

C'était là le verdict populaire!

Le médecin qui était célibataire et qui dînait chez le curé tous les dimanches, lui souffla un mot de la chose pendant le repas, et il fut convenu entre eux qu'il fallait
145 empêcher ce mariage à tout prix. Ils pensaient que ce serait un crime de permettre à Macloune malade, infirme, rachitique et difforme comme il l'était, de devenir le père d'une progéniture qui serait vouée d'avance à une condition d'infériorité intellectuelle et de décrépitude[14] physique. Rien ne pressait cependant et il serait toujours temps d'arrêter le mariage lorsqu'on viendrait mettre les bans[15] à l'église.
150 Et puis! ce mariage; était-ce bien sérieux, après tout?

IV

Macloune, qui ne causait guère que lorsqu'il y était forcé par ses petites affaires, ignorait tous les complots que l'on tramait contre son bonheur. Il vaquait[16] à ses occupations selon son habitude, mais chaque soir, à la faveur de l'obscurité, lorsque tout reposait au village, il montait dans son canot et traversait à la Petite-Misère, pour y rencontrer
155 Marichette qui l'attendait sur la falaise afin de l'apercevoir de plus loin. Si pauvre qu'il fût, il trouvait toujours moyen d'apporter un petit cadeau à sa bonne amie: un bout de ruban, un mouchoir de coton, un fruit, un bonbon qu'on lui avait donné et qu'il avait conservé, quelques fleurs sauvages qu'il avait cueillies dans les champs ou sur les bords de la grande route. Il offrait cela avec toujours le même:
160 — Bôjou Maïchette!

— Bonjour Macloune!

Et c'était là toute leur conversation. Ils s'asseyaient sur le bord du canot que Macloune avait tiré sur la grève[17] et ils attendaient là, quelquefois pendant une heure entière, jusqu'au moment où une voix de femme se faisait entendre de la maison.
165 — Marichette! oh! Marichette!

C'était la tante qui proclamait l'heure de rentrer pour se mettre au lit.

Les deux amoureux se donnaient tristement la main en se regardant fixement, les yeux dans les yeux et:

— Bôsoi Maïchette!
170 — Bonsoir Macloune!

Et Marichette rentrait au logis et Macloune retournait à Lanoraie.

---

14. **Décrépitude**: dégénérescence du corps, vieillissement prématuré.
15. **Bans**: annonce du mariage faite à l'église.
16. **Vaquait**: se livrait à ses occupations.
17. **Grève**: rivage.

Les choses se passaient ainsi depuis plus d'un mois, lorsqu'un soir Macloune arriva plus joyeux que d'habitude.

— Bôjou Maïchette !

175 — Bonjour Macloune !

Et le pauvre infirme sortit de son gousset[18] une petite boîte en carton blanc d'où il tira un jonc d'or bien modeste qu'il passa au doigt de la jeune fille.

— Nous autres, mariés à Saint-Michel[19]. Hein ! Maïchette !

— Oui, Macloune ! quand tu voudras.

180 Et les deux pauvres déshérités se donnèrent un baiser bien chaste pour sceller leurs fiançailles.

Et ce fut tout.

Le mariage étant décidé pour la Saint-Michel, il n'y avait plus qu'à mettre les bans à l'église. Les parents consentaient au mariage et il était bien inutile de voir le notaire pour 185 le contrat, car les deux époux commenceraient la vie commune dans la misère et dans la pauvreté. Il ne pouvait être question d'héritage, de douaire[20] et de séparation ou de communauté de biens.

Le lendemain, sur les quatre heures de relevée[21], Macloune mit ses habits des dimanches et se dirigea vers le presbytère où il trouva le curé qui se promenait dans les allées de son 190 jardin, en récitant son bréviaire.

— Bonjour Maxime !

Le curé seul, au village, l'appelait de son véritable prénom.

— Bôjou mosieur curé !

— J'apprends, Maxime, que tu as l'intention de te marier.

195 — Oui ! mosieur curé.

— Avec Marichette Joyelle de Contrecœur !

— Oui ! mosieur curé.

— Il n'y faut pas penser, mon pauvre Maxime. Tu n'as pas les moyens de faire vivre une femme. Et ta pauvre mère, que deviendrait-elle sans toi pour lui donner du pain ?

200 Macloune, qui n'avait jamais songé qu'il pût y avoir des objections à son mariage, regarda le curé d'un air désespéré, de cet air d'un chien fidèle qui se voit cruellement frappé par son maître sans comprendre pourquoi on le maltraite ainsi.

— Eh non ! mon pauvre Maxime, il n'y faut pas penser. Tu es faible, maladif. Il faut remettre cela à plus tard, lorsque tu seras en âge.

205 Macloune atterré, ne pouvait pas répondre. Le respect qu'il avait pour le curé l'en aurait empêché, si un sanglot qu'il ne put comprimer, et qui l'étreignait à la gorge, ne l'eût mis dans l'impossibilité de prononcer une seule parole.

Tout ce qu'il comprenait, c'est qu'on allait l'empêcher d'épouser Marichette et dans sa naïve crédulité il considérait l'arrêt comme fatal. Il jeta un long regard de reproche sur 210 celui qui sacrifiait ainsi son bonheur, et, sans songer à discuter le jugement qui le frappait si cruellement, il partit en courant vers la grève qu'il suivit, pour rentrer à la maison, afin d'échapper à la curiosité des villageois qui l'auraient vu pleurer. Il se jeta dans les bras de sa mère qui ne comprenait rien à sa peine. Le pauvre infirme sanglota ainsi pendant une heure et aux questions réitérées[22] de sa mère ne put que répondre :

215 — Mosieur curé veut pas moi marier Maïchette. Moi mourir, maman !

Et c'est en vain que la pauvre femme, dans son langage baroque[23], tenta de le consoler. Elle irait elle-même voir le curé et lui expliquerait la chose. Elle ne voyait pas pourquoi on voulait empêcher son Macloune d'épouser celle qu'il aimait.

---

18. **Gousset** : poche d'un vêtement.
19. **Saint-Michel** : fête catholique qui a lieu le 29 septembre, après la période des récoltes.
20. **Douaire** : héritage venant du mari.

21. **Relevée** : après-midi.
22. **Réitérées** : répétées.
23. **Baroque** : singulier.

V

Mais Macloune était inconsolable. Il ne voulut rien manger au repas du soir et aussitôt
220 l'obscurité venue, il prit son aviron et se dirigea vers la grève, dans l'intention de traverser
à la Petite-Misère pour y voir Marichette.

Sa mère tenta de le dissuader car le ciel était lourd, l'air était froid et de gros nuages
roulaient à l'horizon. On allait avoir de la pluie et peut-être du gros vent. Mais Macloune
n'entendit point ou fit semblant de ne pas comprendre les objections de sa mère. Il
225 l'embrassa tendrement en la serrant dans ses bras et sautant dans son canot, il disparut
dans la nuit sombre.

Marichette l'attendait sur la rive à l'endroit ordinaire. L'obscurité l'empêcha de remarquer la figure bouleversée de son ami et elle s'avança vers lui avec la salutation accoutumée :

— Bonjour Macloune !

230 — Bôjou Maïchette !

Et la prenant brusquement dans ses bras, il la serra violemment contre sa poitrine, en
balbutiant des phrases incohérentes, entrecoupées de sanglots déchirants :

— Tu sais Maïchette... Mosieur Curé veut pas nous autres marier... to pauvres, nous
autres... to laid, moi... to laid... to laid, pour marier toi... moi veux plus vivre... moi veux
235 mourir.

Et la pauvre Marichette comprenant le malheur terrible qui les frappait, mêla ses
pleurs aux plaintes et aux sanglots du malheureux Macloune.

Et ils se tenaient embrassés dans la nuit noire, sans s'occuper de la pluie qui commençait
à tomber à torrents et du vent froid du nord qui gémissait dans les grands peupliers qui
240 bordent la côte.

Des heures entières se passèrent. La pluie tombait toujours ; le fleuve agité par la
tempête était couvert d'écume et les vagues déferlaient sur la grève en venant couvrir,
par intervalle, les pieds des amants qui pleuraient et qui balbutiaient des lamentations
plaintives en se tenant embrassés.

245 Les pauvres enfants étaient trempés par la pluie froide, mais ils oubliaient tout dans
leur désespoir. Ils n'avaient ni l'intelligence de discuter la situation, ni le courage de secouer
la torpeur qui les envahissait.

Ils passèrent ainsi la nuit et ce n'est qu'aux premières lueurs du jour qu'ils se séparèrent
dans une étreinte convulsive[24]. Ils grelottaient en s'embrassant, car les pauvres haillons[25]
250 qui les couvraient, les protégeaient à peine contre la bise du nord qui soufflait toujours
en tempête.

Était-ce par pressentiment ou simplement par désespoir qu'ils se dirent :

— Adieu, Macloune !

— Adieu, Maïchette !

255 Et la pauvrette, trempée et transie jusqu'à la moëlle, claquant des dents, rentra chez
son oncle où l'on ne s'était pas aperçu de son absence, tandis que Macloune lançait son
canot dans les roulins[26] et se dirigeait vers Lanoraie. Il avait vent contraire et il fallait
toute son habileté pour empêcher la frêle embarcation d'être submergée dans les vagues.

Il en eut bien pour deux heures d'un travail incessant avant d'atteindre la rive opposée.

260 Sa mère avait passé la nuit blanche à l'attendre, dans une inquiétude mortelle. Macloune
se mit au lit tout épuisé, grelottant, la figure enluminée par la fièvre ; et tout ce que put
faire la pauvre Marie Gallien pour réchauffer son enfant, fut inutile.

Le docteur appelé vers les neuf heures du matin déclara qu'il souffrait d'une pleurésie[27]
mortelle et qu'il fallait appeler le prêtre au plus tôt.

---

24. **Convulsive** : nerveuse et violente.   26. **Roulins** : (régionalisme) roulis, remous, vagues.
25. **Haillons** : vieux vêtements.   27. **Pleurésie** : inflammation près des poumons.

265 Le bon curé apporta le viatique[28] au moribond[29] qui gémissait dans le délire et qui balbutiait des paroles incompréhensibles. Macloune reconnut cependant le prêtre qui priait à ses côtés et il expira en jetant sur lui un regard de doux reproche et d'inexprimable désespérance et en murmurant le nom de Marichette.

VI

Un mois plus tard, à la Saint-Michel, le corbillard des pauvres conduisait au cimetière 270 de Contrecœur Marichette Joyelle, morte de phtisie[30] galopante chez son oncle de la Petite-Misère.

Ces deux pauvres déshérités de la vie, du bonheur et de l'amour n'avaient même pas eu le triste privilège de se trouver réunis dans la mort, sous le même tertre[31], dans un coin obscur du même cimetière.

Honoré Beaugrand, «Macloune», dans *La chasse-galerie*, 1900.

---

28. **Viatique** : dernière communion.
29. **Moribond** : mourant.

30. **Phtisie** : tuberculose.
31. **Tertre** : monticule de terre qui recouvre une tombe.

Mieux COMPRENDRE le texte

❶ Divisez le texte en six parties et donnez-leur un titre.

- 1re partie : Lignes _____ à _____ : _____
- 2e partie : Lignes _____ à _____ : _____
- 3e partie : Lignes _____ à _____ : _____
- 4e partie : Lignes _____ à _____ : _____
- 5e partie : Lignes _____ à _____ : _____
- 6e partie : Lignes _____ à _____ : _____

❷ Relevez des oppositions qui se rapportent à Macloune dans les lignes 31 à 40.

_____
_____
_____
_____
_____

❸ Malgré sa laideur et son handicap verbal, en quoi Macloune est-il habile ?

_____
_____
_____

❹ En quoi Marichette ressemble-t-elle à Macloune ?

_____
_____
_____

TEXTE LA CHASSE-GALERIE • **119**

La RÉDACTION

Rédigez un texte d'au moins 500 mots à partir du sujet proposé. Utilisez cette page pour faire le brouillon de votre plan. Écrivez votre rédaction sur une feuille à part. Reportez-vous à la procédure de la page 83 et si vous rédigez l'introduction et la conclusion, à la page 122.

> Ce récit populaire, *Macloune*, écrit par Honoré Beaugrand, présente le drame d'un personnage désavantagé par la nature. Montrez-le en faisant le portrait de Macloune et en montrant l'opposition de l'entourage à son mariage.

_____
_____
_____
_____
_____
_____
_____
_____
_____
_____
_____
_____
_____
_____
_____
_____
_____
_____
_____
_____
_____
_____
_____
_____

↳ RETOUR SUR LA RÉDACTION

➤ Utilisez vos **stratégies de révision et d'autocorrection** du texte et de la langue aux pages 126 et 128, 47 et 88 à 90.

L'introduction

Le but de l'introduction est de présenter le sujet traité au lecteur. Elle se divise en trois parties et forme **un seul paragraphe.**

1° Sujet amené (SA) : il présente des éléments généraux qui ont un rapport avec le sujet étudié pour montrer son importance.

2° Sujet posé (SP) : il expose les éléments essentiels du sujet qui sera le fil conducteur ou l'idée directrice du développement. On peut le reformuler, sans le dénaturer, ou ne retenir que ce qui est important pour le développement (mots clés).

3° Sujet divisé (SD) : il annonce le plan qui sera suivi dans le développement. Il s'agit ici de présenter seulement les deux thèmes ou les deux idées principales qui développent l'idée directrice présentée dans le sujet posé.

La conclusion

La conclusion est l'aboutissement du travail demandé. Elle se divise en deux parties.

p. VIII

1° Bilan (B) : il fait la synthèse des constatations auxquelles les différentes parties du développement ont permis d'aboutir. Il s'agit donc de faire le résumé du développement en utilisant d'autres termes. Il peut ensuite donner les limites de la réflexion que vous avez menée ou du jugement auquel vous aboutissez après le développement du sujet traité. Au cours de cette étape, il est utile de recourir aux organisateurs textuels afin de bien marquer la progression et l'enchainement des parties dans votre développement.

2° Ouverture (O) : elle élargit les perspectives du sujet étudié jusqu'à aborder d'autres sujets dans lesquels s'insère le développement. Vous pouvez suggérer une comparaison ou une opposition en lien avec la rédaction effectuée. Autrement dit, vous suggérez au lecteur l'étude d'un autre texte ou tout lien avec la littérature ou un sujet d'actualité. Il faut cependant que l'ouverture soit en rapport avec le sujet traité.

PARTIE 3

Théorie

●●● RÉDIGER UNE INTRODUCTION ET UNE CONCLUSION
●●● La procédure
###

▌ L'introduction

Comprendre la question ou le sujet à développer

1° Délimiter les idées présentées dans le sujet avec des barres obliques.

   a) Repérer le sujet posé (SP) : l'idée directrice (la première phrase) constitue le fil conducteur qui établira le lien avec les deux thèmes ou les deux idées principales du sujet et assurera la cohérence du développement.

   b) Indiquer l'action exigée dans le sujet divisé (SD) : encadrer le verbe proposé.

   c) Délimiter les deux idées ou thèmes principaux du sujet en les surlignant de deux couleurs différentes. Celles-ci pourront vous servir pour la sélection des citations dans l'extrait étudié.

2° Analyser les mots clés du sujet en cherchant leurs sens dans le dictionnaire.

Rédiger l'introduction

3° Formuler le sujet amené à partir d'une phrase plus générale d'ouverture qui amène le sujet.

4° Reprendre ou reformuler le sujet posé (première phrase de la question ou du sujet) en utilisant les mots clés.

5° Annoncer les différentes parties du développement dans le sujet divisé : le sujet des deux paragraphes et l'ordre de présentation.

▌ La conclusion

1° Revoir le plan de vos paragraphes : les idées principales et secondaires.

2° Reformuler ces idées principales et secondaires afin de faire une synthèse des paragraphes. Attention à ne pas reprendre textuellement chacune de ces idées dans le bilan.

3° Proposer une ouverture afin d'élargir les perspectives du thème en précisant un nouvel aspect qui pourrait éventuellement être développé. Il faut toutefois s'assurer d'un lien entre le sujet traité et le sujet proposé dans l'ouverture.

Certaines erreurs sont fréquentes dans l'introduction. Il faut surtout éviter :

- Les généralités sans rapport direct avec le sujet à traiter ;
- Les généralités qui présentent des banalités ;
- De présenter certains aspects qui ne seront pas traités dans le développement ;
- Les introductions trop longues dont les différentes parties sont mal reliées entre elles ;
- Les introductions incomplètes ou mal structurées.

> Il est fortement conseillé de revoir l'introduction après la rédaction des deux paragraphes. Il est aussi possible de rédiger l'introduction en dernier lieu, après avoir terminé le développement et la conclusion. En développant le sujet, on peut mieux annoncer les parties dans l'introduction.

Certaines erreurs sont fréquentes dans la conclusion. Il faut surtout éviter :

- De reprendre textuellement des phrases du développement. La conclusion doit dresser le bilan des deux paragraphes ;
- Une conclusion ambigüe ;
- De développer de nouvelles idées ou de donner de nouveaux exemples ;
- De s'éloigner du sujet traité en présentant une ouverture sans rapport avec le développement.

> Il est souhaitable de soigner particulièrement la conclusion, car l'enseignant restera sur cette dernière impression. C'est le couronnement du travail.

PARTIE 3

RÉDIGER UNE INTRODUCTION ET UNE CONCLUSION

Le modèle : *Ces enfants de ma vie*

Dans cet extrait tiré de *Ces enfants de ma vie* de Gabrielle Roy, l'institutrice dépeint un père très exigeant envers son fils, car il projette sur lui ses rêves de jeunesse. Montrez-le en décrivant les problèmes psychologiques que cela engendre chez le jeune homme et le manque d'épanouissement qui en résulte.

L'introduction	
Compréhension de la question ou du sujet à développer	
1° Commencer par délimiter les idées présentées dans le sujet : a) Séparer le sujet posé (SP) du sujet divisé (SD) par une barre oblique ; b) Encadrer l'action du sujet divisé ; c) Surligner avec des couleurs différentes les deux idées ou thèmes principaux du sujet (deux paragraphes).	Dans cet extrait tiré de *Ces enfants de ma vie* de Gabrielle Roy, l'institutrice dépeint un père très exigeant envers son fils, car il projette sur lui ses rêves de jeunesse. **SP** **(paragraphe 1)** **SD** [Montrez]-le en décrivant les problèmes psychologiques **(paragraphe 2)** que cela engendre chez le jeune homme et le manque d'épanouissement qui en résulte.

2° Poursuivre avec l'analyse des mots clés du sujet en cherchant leurs sens dans le dictionnaire.	• Mots clés : « exigeant », « projette », « rêves », « problèmes psychologiques », « épanouissement »
	 • Définition des mots clés :
	   – « exigeant » : demandant
	   – « projette » : transfère
	   – « rêves » : désirs ou projets
	   – « problèmes psychologiques » : problèmes relevant de l'esprit
	   – « épanouissement » : développement harmonieux

Rédiger l'introduction	
3° Formuler **le sujet amené** à partir d'une phrase plus générale d'ouverture qui introduit le sujet.	En éduquant leurs enfants, les parents veulent souvent atteindre à travers eux les buts qui sont restés hors de leur portée. **OU** Les rêves et les ambitions des enfants peuvent être complètement différents de ceux des parents. **OU** La relation entre les enfants et les parents est parfois tendue à cause des attentes irréalistes de ces derniers.
4° Reprendre ou reformuler **le sujet posé** (première phrase) de la question ou du sujet en utilisant les mots clés.	Ainsi, en poussant son fils à réaliser ce qu'il n'a pas pu faire pendant sa jeunesse, le père Eymard attend beaucoup de Médéric.
5° Annoncer les différentes parties du développement dans **le sujet divisé** : le sujet des deux paragraphes.	Cette attitude provoque, tout d'abord, des problèmes psychologiques engendrés par le comportement du père et, par la suite, un manque d'épanouissement chez le fils.

La conclusion	
Rédiger la conclusion	
1° Revoir le plan de vos paragraphes : les idées principales et secondaires doivent être en lien avec le fil conducteur.	**1** Des problèmes psychologiques • Les centres d'intérêt du fils diffèrent de ceux du père. • Le fils ressent une douleur. **2** Un manque d'épanouissement • Le fils subit les pressions du père. • Il se sent démuni.
2° Reformuler ces idées afin de faire une synthèse des paragraphes. Attention à ne pas reprendre textuellement ces idées dans **le bilan**.	En conclusion, dans cet extrait, le narrateur montre que le comportement du père cause des problèmes et des souffrances chez l'adolescent dont les passions ne sont pas comprises par le père. Les attentes de Rodrigue Eymard entravent le bonheur de Médéric.
3° Proposer **une ouverture** : élargir les perspectives du thème en précisant un nouvel aspect qui pourrait éventuellement être développé.	Le narrateur a montré alors, dans ce récit, toute la vulnérabilité d'un jeune homme comme on le voit dans le roman *Une saison dans la vie d'Emmanuel* où on décrit la fragilité de l'enfant lors de sa naissance. **OU** Dans cet extrait tiré de *Ces enfants de ma vie*, le narrateur décrit comment une institutrice cherche à donner le gout d'étudier à un jeune élève, comme l'enseignant qui tente de transmettre l'amour de la lecture à ses élèves dans *Comme un roman*. **OU** Dans l'extrait de *Ces enfants de ma vie*, le narrateur montre avec réalisme l'apprentissage de la vie ; alors que dans les romans d'*Harry Potter*, le protagoniste, qui apprend à contrôler ses pouvoirs de sorcellerie, fait son apprentissage de la vie d'une façon fantastique.

PARTIE 3

 **Théorie**

● ● ● RÉDIGER UNE INTRODUCTION ET UNE CONCLUSION
● ● ● Grille d'autoévaluation de l'introduction et de la conclusion

▶ **Autoévaluation de l'introduction**

Laissez les traces suivantes sur votre introduction.

1° Séparez les éléments (sujet amené, sujet posé, sujet divisé) par une barre oblique.

2° Indiquez ces éléments par leurs abréviations : SA, SP, SD.

Éléments de l'introduction	Appréciation		
	Oui	Non	À retravailler
Sujet amené (SA)			
• La première phrase présente-t-elle une idée plus générale ayant un rapport avec le sujet étudié pour montrer son importance ?			
Sujet posé (SP)			
• Présente-t-il les éléments essentiels du sujet qui sera le fil conducteur ou l'idée directrice du développement ?			
• Est-il repris tel quel ?			
• Est-il reformulé en conservant le sens du sujet posé ?			
Sujet divisé (SD)			
• Annonce-t-il le plan qui sera suivi dans le développement ?			
• Présente-t-il les deux paragraphes ?			
• Les présente-t-il dans l'ordre de leur apparition dans le développement ?			

▶ **Autoévaluation de la conclusion**

Laissez les traces suivantes sur votre conclusion.

1° Séparez les éléments de la conclusion par une barre oblique.

2° Indiquez-les : B, O.

Éléments de la conclusion	Appréciation		
	Oui	Non	À retravailler
Bilan (B)			
• La synthèse est-elle un résumé des deux paragraphes ?			
• Y a-t-il une reformulation des idées des deux paragraphes ?			
Ouverture (O)			
• Y a-t-il élargissement des perspectives du sujet ?			
• Est-ce en lien avec le sujet développé ?			

●●● RÉDIGER UN TEXTE DE 500 MOTS
●●● Les composantes

La rédaction d'un texte cohérent et pertinent de 500 mots peut s'effectuer de différentes manières. L'organisation de ce texte dépend des consignes données par l'enseignant. Voici les différentes possibilités :

Texte 1
- Une introduction
- Deux paragraphes de développement
- Une conclusion

Texte 2
- Deux paragraphes de développement

Texte 3
- Un résumé
- Deux paragraphes de développement

Mon texte de 500 mots consiste en :

_____

_____

_____

_____

_____

_____

_____

_____

_____

_____

_____

_____

_____

_____

_____

_____

_____

_____

_____

_____

 **Théorie**

● ● ● RÉDIGER UN TEXTE DE 500 MOTS
● ● ● Grille d'autoévaluation du texte de 500 mots

Cochez les énoncés qui correspondent au travail qui vous a été demandé.

❯ Introduction

☐ Le sujet amené aborde le sujet à l'étude, mais de façon plus générale.

☐ Le sujet posé présente le fil conducteur de la consigne.

☐ Le sujet divisé présente l'idée principale des deux paragraphes ou les thèmes à développer.

❯ Paragraphes

☐ L'idée principale (la première phrase) indique ce dont traite le paragraphe. S'il s'agissait d'un thème dans le sujet divisé, il a été précisé.

☐ Les deux idées secondaires de chaque paragraphe sont courtes.

☐ Chaque idée secondaire est un aspect particulier qui permet d'appuyer l'idée principale. Il s'agit du concept / argument qui sera développé.

☐ L'idée secondaire indique ce que l'illustration et l'explication prouveront.

☐ Les citations, souvent courtes, sont mises entre guillemets ; elles peuvent aussi prendre la forme d'un exemple si l'extrait choisi est trop long ou trop difficile à intégrer textuellement.

☐ Si des omissions, des modifications ou des ajouts ont été faits à l'intérieur de la citation, des crochets indiquent ces interventions.

☐ Les éléments formels (figures de style, champs lexicaux, ponctuation, grammaire, etc.) ont été identifiés et expliqués afin d'enrichir le commentaire.

☐ L'explication (le commentaire) ne provient pas de l'extrait littéraire. Il s'agit d'éléments déduits qui relèvent la pertinence de la citation par rapport à l'idée secondaire.

☐ La phrase de rappel ferme le paragraphe. Chaque phrase de conclusion fait une synthèse du paragraphe. Il ne s'agit pas d'une simple reprise des idées développées. Il y a une reformulation.

☐ Des organisateurs textuels sont insérés à l'intérieur du paragraphe et permettent de relever la structure à l'intérieur des paragraphes.

❯ Conclusion

☐ Le bilan donne une synthèse des deux paragraphes. Il s'agit toutefois d'une reformulation. Aucune partie des paragraphes n'est reprise telle quelle.

☐ L'ouverture est littéraire ou d'actualité. Elle propose une réflexion sur un autre auteur ou une autre œuvre. Elle peut porter sur un même thème, traité de manière identique ou différente.

❯ Présentation / Révision finale

☐ Le texte est à l'encre.

☐ Le nombre de mots est indiqué à la fin de chaque partie ainsi que le nombre total.

☐ Le numéro de la ligne de référence (l. 00) est indiqué.

☐ Le texte a été soigneusement révisé.

BILAN DES APPRENTISSAGES
Rédiger un texte de 500 mots

Énoncé de la compétence	Appréciation
Introduction	
Je formule le sujet amené à partir de mes connaissances à l'aide d'une phrase plus générale qui aborde le sujet.	
Je présente le sujet posé tel que proposé dans la consigne ou je le reformule sans en déformer le sens.	
Dans le sujet divisé, j'annonce le sujet des deux paragraphes.	
Paragraphes	
Je rédige mes paragraphes en fonction de l'ordre présenté dans le sujet divisé.	
Mes idées principales indiquent ce dont il est question dans le paragraphe et développent le sujet proposé.	
Si l'idée principale apparaît dans la consigne sous forme de thème, je donne une précision à ce thème.	
Mes idées secondaires précisent l'idée principale ; elles en donnent un aspect particulier.	
Mes idées secondaires correspondent à la déduction que j'ai faite de la citation. Je ne reprends pas les mots des citations.	
Mes deux idées secondaires du paragraphe ne sont pas similaires ; elles abordent deux aspects différents, mais toutes deux permettent de développer l'idée principale.	
Mes idées secondaires sont courtes.	
Avant d'amener la citation (intégrée ou introduite), je m'assure de la mettre en contexte.	
Mes citations sont intégrées à même ma phrase syntaxique ou elles sont introduites à l'aide du deux-points.	
Je respecte les règles syntaxiques pour toutes les citations.	
Je sais à quel moment je dois ajouter, omettre ou modifier un élément à l'intérieur de la citation. J'utilise les crochets pour signifier mon intervention.	
Mes citations ne sont pas inutilement longues. Je choisis les éléments les plus pertinents, sans obligatoirement opter pour une phrase graphique tirée de l'extrait.	
Si je choisis de présenter plus d'une citation pour appuyer une même idée secondaire, je commente la citation avant d'amener la seconde citation. Je ne fais pas un collage de citations, à moins de présenter les éléments qui forment un champ lexical.	
Mon commentaire fait ressortir le lien entre l'idée secondaire et la citation.	
Je ne répète pas inutilement les mots de l'idée secondaire ou de la citation.	
Si je reprends un mot ou une expression de la citation, c'est pour en faire ressortir un procédé formel.	
Je suis capable de repérer les éléments formels dans mes citations.	

PARTIE 3

Paragraphes *(suite)*	Appréciation
Je suis capable de bien identifier ces éléments et de les analyser pour expliquer leur rôle et leur pertinence.	
Mon commentaire ne comprend pas d'opinion, d'hypothèse et n'est pas hors contexte.	
Mon commentaire se rattache directement au choix de la citation, à sa pertinence. Il tient compte des mots importants de la citation et exprime bien que celle-ci est la meilleure citation pour appuyer l'idée secondaire.	
Mon commentaire est suffisamment long et pertinent.	
Je formule une phrase de rappel (conclusion partielle) à l'aide de mots différents autant que possible. Je ne reprends jamais telle quelle une partie du paragraphe.	
Ma phrase de rappel n'apporte aucun nouvel élément.	
Ma phrase de rappel fait une synthèse du paragraphe, synthèse qui reprend l'idée générale ou qui soumet les deux idées secondaires développées.	
Conclusion	
Mon bilan est formulé de manière à faire une synthèse des deux paragraphes.	
J'accorde une importance égale aux deux paragraphes.	
Je reformule les grandes lignes (idées des paragraphes) sans toutefois les reprendre telles quelles.	
Mon ouverture est littéraire ou d'actualité. Elle porte sur une œuvre, un auteur, une thématique, etc.	
Le texte dans son ensemble	
J'utilise un vocabulaire varié et approprié.	
J'utilise un vocabulaire très précis qui exprime bien mon idée.	
Je présente un texte structuré à l'aide d'organisateurs textuels appropriés placés aux bons endroits.	
J'évite les tournures répétitives ou sans valeur. Chaque phrase apporte un contenu.	
Je privilégie le présent. Si j'écris dans un temps passé, alors je m'assure de la concordance des temps.	
Mes phrases sont syntaxiquement correctes. Plus il y a de phrases syntaxiques dans ma phrase graphique, plus je suis vigilant quant au choix des signes de ponctuation ou l'utilisation de coordonnants ou de subordonnants.	
Je comprends la structure des diverses parties du texte de 500 mots.	
Je comprends la pertinence de chaque élément afin de développer une idée et de former une unité et une cohérence.	

De manière générale, comment évaluez-vous votre compétence en écriture quant au contenu et à la structure du texte de 500 mots ?

_____

_____

_____

_____

_____

BILAN DES APPRENTISSAGES
Réviser et autocorriger la langue

Cochez les éléments en fonction des énoncés de chaque colonne. Si, au cours des divers modules, vous avez ciblé des difficultés linguistiques sur lesquelles vous avez travaillé (voir page 88), inscrivez-les à la suite des objectifs proposés.

Objectifs	Je connais la règle ou le truc.		Je sais appliquer cette règle dans mes textes.		Cette notion est maîtrisée.	
Différencier le verbe de l'infinitif ou du participe.	☐ Oui	☐ Non	☐ Oui	☐ Non	☐ Oui	☐ Non
Accorder le verbe avec le GNs.	☐ Oui	☐ Non	☐ Oui	☐ Non	☐ Oui	☐ Non
Accorder les éléments du GN.	☐ Oui	☐ Non	☐ Oui	☐ Non	☐ Oui	☐ Non
Différencier et orthographier les homophones.	☐ Oui	☐ Non	☐ Oui	☐ Non	☐ Oui	☐ Non
Utiliser les bons pronoms de reprise.	☐ Oui	☐ Non	☐ Oui	☐ Non	☐ Oui	☐ Non
Orthographier correctement les mots.	☐ Oui	☐ Non	☐ Oui	☐ Non	☐ Oui	☐ Non
Utiliser la bonne ponctuation.	☐ Oui	☐ Non	☐ Oui	☐ Non	☐ Oui	☐ Non

Autre difficulté : _____

_____

En fonction du bilan linguistique que vous venez de dresser, comment évaluez-vous la méthode d'autocorrection linguistique que vous avez développée au cours des derniers mois ?

_____

_____

_____

_____

_____

_____

Cette méthode vous permet-elle de corriger vos textes ?

_____

_____

_____

_____

_____

_____

Croyez-vous avoir amélioré votre compétence en écriture en ce qui a trait à la qualité de la langue ?

☐ Oui   ☐ Non

PARTIE 3

LISTE DES ABRÉVIATIONS ET DES SYMBOLES UTILISÉS

Adj .... adjectif

Adv .... adverbe

Attr .... attribut

CD .... complément direct du verbe

CI .... complément indirect du verbe

Conj .... conjonction

CP .... complément de phrase

Dét .... déterminant

GAdj .... groupe de l'adjectif ou groupe adjectival

GAdv .... groupe de l'adverbe ou groupe adverbial

GInf .... groupe du verbe à l'infinitif

GN .... groupe du nom ou groupe nominal

GPart .... groupe du verbe au participe ou groupe participial

GPrép .... groupe prépositionnel

GV .... groupe du verbe ou groupe verbal

N .... nom

Prép .... préposition

Pron .... pronom

sub. .... subordonnée

sub. circ. .... subordonnée circonstancielle

sub. complétive .... subordonnée complétive

sub. CP .... subordonnée complément de phrase

sub. infinitive .... subordonnée infinitive

sub. participiale .... subordonnée participiale

sub. relative .... subordonnée relative

sub. rel. dét. .... subordonnée relative déterminative

sub. rel. expl. .... subordonnée relative explicative

V .... verbe

* .... phrase agrammaticale

PARTIE 4 :

Mémento grammatical

EXERCICES 1 à 6 ## 1 LA PHRASE

1.1 La phrase graphique

En français, la **phrase graphique** commence par une majuscule et se termine par un point.

Exemple : *L'adolescent termina la lecture du roman durant la nuit.*

1.2 La phrase syntaxique

La **phrase syntaxique** est un ensemble de groupes de mots qui présente une unité syntaxique. Elle est composée de deux constituants obligatoires : un sujet et un prédicat. Le complément de phrase est facultatif, et il peut y en avoir plusieurs.

Exemple : *L'adolescent termina la lecture du roman durant la nuit.*

Constituants obligatoires		Constituant facultatif
SUJET +	PRÉDICAT	COMPLÉMENT DE PHRASE
[L'adolescent]	*[termina la lecture du roman]*	*[durant la nuit].*
• non effaçable	• non effaçable	• effaçable

La phrase graphique, qui commence par une majuscule et se termine par un point, compte autant de phrases syntaxiques que de verbes conjugués. La phrase syntaxique ne commence pas toujours par une majuscule et ne se termine pas nécessairement par un point.

PHRASE GRAPHIQUE

1re PHRASE SYNTAXIQUE   2e PHRASE SYNTAXIQUE

Exemple : *Maintenant, vous repartirez chez vous / quand vous le désirerez.*

Cette phrase graphique contient deux verbes conjugués, donc deux phrases syntaxiques.

Le verbe occupe une place de première importance dans la phrase syntaxique ; cette dernière peut dès lors être définie comme étant l'ensemble des mots qui se rattachent au verbe.

1.3 La phrase de base et les phrases transformées

La phrase de base

Le modèle de base est une phrase de type **déclaratif** et de formes **positive, active, neutre** et **personnelle**. Aussi, elle comprend les **deux constituants obligatoires** : un sujet suivi d'un prédicat (et d'un complément de phrase facultatif).

Exemple : *Les étudiants effectuent un séjour touristique à Paris.*

Sujet : *Les étudiants* (ce dont on parle)

Prédicat : *effectuent un séjour touristique à Paris* (ce qu'on en dit)

Ce modèle sert de référence lorsque vient le temps d'analyser les phrases. Ainsi, chaque phrase se définit par un type et par quatre formes.

La phrase de base peut subir diverses transformations. On dira alors que la phrase est **transformée** ou **à construction particulière** si la phrase s'écarte du modèle de base.

Les phrases transformées : Les types

La phrase **déclarative** suivante correspond au **modèle de base** :

Tu as pris le train rapide.

Cette phrase peut être transformée en trois autres types :

La phrase **interrogative** comprend un marqueur d'interrogation et se termine par un point d'interrogation.	• *Est-ce que tu as pris le train rapide ?* (emploi d'un adverbe d'interrogation au début de la phrase) • *As-tu pris le train rapide ?* (déplacement du sujet)
La phrase **exclamative** contient un marqueur d'exclamation et se termine par un point d'exclamation.	• *Quel train rapide tu as pris !* (Le déterminant exclamatif *Quel* est placé devant le sujet.)
La phrase **impérative** ne comprend pas le constituant obligatoire sujet. Il y a effacement du sujet de la phrase.	• *Prends le train rapide.*

Les phrases transformées : Les formes

De la forme positive → à la forme négative	• *Il prendra le train.* • *Il <u>ne</u> prendra <u>pas</u> le train.* (addition d'un marqueur négatif)
De la forme active → à la forme passive	• *L'enseignante punit <u>l'enfant</u>.* • *<u>L'enfant</u> est puni par l'enseignante.* (Le complément du verbe *l'enfant* devient le sujet de la phrase.)
De la forme neutre → à la forme emphatique	• *Léa prépare le repas.* • *<u>C'est</u> Léa <u>qui</u> prépare le repas.* • *<u>C'est</u> le repas <u>que</u> Léa prépare.* (Le sujet ou le complément du verbe est encadré de *C'est… qui* ou *C'est… que*.) • *<u>Léa</u>, elle prépare le repas.* • *Léa le prépare, <u>le repas</u>.* (Le groupe détaché est en début ou en fin de phrase. Le pronom a la même fonction que le groupe détaché.)
De forme personnelle → à la forme impersonnelle	• *Un imprévu est arrivé ce matin.* • *Il est arrivé un imprévu ce matin.* (déplacement du GN sujet et addition du sujet impersonnel *Il*)

Les phrases à construction particulière

La phrase infinitive	• *Fermer les lumières au coucher.* (aucun sujet et verbe à l'infinitif)
La phrase à présentatif	• *Voici un argument très convaincant.* (ajout du présentatif *Voici*)
La phrase non verbale	• *Quelle journée ! Superbe !*

Mémento grammatical

1.4 La jonction des phrases

1 La phrase syntaxique autonome

a) Si une phrase ne dépend d'aucune autre et qu'aucune autre phrase ne dépend d'elle, il s'agit alors d'une **phrase syntaxique autonome sans subordonnée**.

PHRASE SYNTAXIQUE (SANS SUBORDONNÉE)
Il [abattit ses mains brunes sur le parapet].
SUJET   PRÉDICAT

---

b) Si une phrase ne dépend d'aucune autre, mais qu'une ou plusieurs autres phrases dépendent d'elle, cette phrase forme une **phrase syntaxique autonome**, qui est elle-même la **phrase matrice** contenant sa ou ses **subordonnées**.

On dit que la subordonnée est insérée ou enchâssée dans la matrice.

PHRASE MATRICE
[Je m'en irai [dès que j'aurai mangé].]
SUBORDONNÉE

Je m'en irai est la phrase enchâssante; elle permet à la subordonnée de s'y rattacher afin de former une phrase matrice.

2 Des phrases jointes par coordination

Deux ou plusieurs phrases syntaxiques peuvent être **coordonnées** à l'aide d'une conjonction (*mais, ou, et, car, ni, or*) ou d'un adverbe (*alors, cependant, contre, donc, par, puis*, etc.).

Deux phrases syntaxiques autonomes coordonnées

PHRASE COORDONNÉE
[Valets et écuyers se précipitent] et
PHRASE COORDONNÉE
[ils allument vite un feu].

Note: Une phrase syntaxique sans subordonnée peut être coordonnée à une phrase matrice, puisque ni l'une ni l'autre ne dépendent d'une autre phrase.

PHRASE COORDONNÉE
[Valets et écuyers se précipitent] et
PHRASE MATRICE COORDONNÉE
[ils ont vite allumé un feu là où le roi l'avait commandé].

3 Des phrases jointes par juxtaposition

Deux ou plusieurs phrases syntaxiques peuvent être **juxtaposées**, c'est-à-dire jointes par une virgule, un point-virgule ou un deux-points.

PHRASE JUXTAPOSÉE   PHRASE JUXTAPOSÉE
[On le tondit], [on le rasa] et
PHRASE COORDONNÉE
[on lui fit revêtir une robe écarlate].

4 Des phrases jointes par subordination

a) La **subordonnée relative**, insérée dans la phrase matrice à l'aide d'un pronom relatif (*qui, que, quoi, dont, où, lequel* et ses dérivés), dépend d'un groupe nominal ou d'un pronom de la phrase matrice.

PHRASE MATRICE
[Jadis vivait un paysan [qui était très avare].]
SUB. RELATIVE

La **subordonnée relative déterminative** ne peut pas être supprimée parce qu'elle détermine de qui ou de quoi on parle.

PHRASE MATRICE
[Le paysan [qui vient de rentrer] est avare.]
SUB. REL. DÉT.

La **subordonnée relative explicative** peut être supprimée parce qu'elle sert seulement à donner une information supplémentaire; elle est encadrée par des virgules.

PHRASE MATRICE
[L'élève, [dont tu m'as vanté les mérites],
SUB. REL. EXPL.
a abandonné le cours.]

4 (*suite*)

b) La **subordonnée complétive**, généralement insérée dans la phrase matrice à l'aide de la conjonction *que*, dépend le plus souvent du verbe de la phrase matrice.	PHRASE MATRICE [*Je vous assure [que je n'ai rien dit].*] SUB. COMPLÉTIVE
c) La **subordonnée circonstancielle** est insérée dans la phrase matrice à l'aide d'une conjonction de subordination indiquant une circonstance (temps, cause, conséquence, but, concession, condition, comparaison, opposition ou hypothèse).	PHRASE MATRICE [*Fermez bien la porte [quand vous sortirez].*] SUB. CIRC. PHRASE MATRICE [*[Quand vous sortirez], fermez bien la porte.*] SUB. CIRC.
La subordonnée circonstancielle a généralement la fonction de complément de phrase.	Placée en tête de phrase, la subordonnée circonstancielle doit être suivie d'une virgule parce qu'elle joue le rôle de complément de phrase.
d) La **subordonnée participiale** est construite sans subordonnant à l'aide d'un participe présent ou passé ayant un sujet propre. Elle joue habituellement le rôle de complément de phrase.	PHRASE MATRICE [*[La porte étant ouverte], il se risqua à entrer.*] SUB. PARTICIPIALE
e) La **subordonnée infinitive** est construite sans subordonnant et à l'aide d'un verbe à l'infinitif ayant son sujet propre. Elle dépend d'un verbe de la phrase matrice.	PHRASE MATRICE [*Il voit [la lave recouvrir sa maison].*] SUB. INFINITIVE

2 LES MANIPULATIONS SYNTAXIQUES

Les manipulations syntaxiques sont des opérations qu'on effectue sur des groupes de mots et qui permettent d'en dégager certaines caractéristiques. Elles permettent également, par exemple, de vérifier la construction d'une phrase ou l'accord d'un mot ou d'un groupe de mots.

Les quatre principales manipulations syntaxiques	
1 Le **remplacement** (substitution) d'un mot ou d'un groupe de mots par un autre mot ou par un autre groupe permet :	
a) de délimiter les frontières d'un groupe ;	*[Les amis du paysan] vinrent trouver le chevalier.* GN *[Ils] vinrent trouver le chevalier.* Pron Le GN se remplace par un pronom. *Le chevalier vit [les amis du paysan].* GN *Le chevalier [les] vit.* Pron Le GN se remplace par un pronom.

1 (*suite*)

b) de trouver la classe d'un mot;	[*Quelques*] *élèves sont arrivés.* [*Des*] *élèves sont arrivés.* Dét *Quelques* est donc un déterminant.
	Ils ont parcouru [*quelque*] *cent mètres.* *Ils ont parcouru* [*environ*] *cent mètres.* Adv *Quelque* est donc un adverbe.
c) d'identifier certaines fonctions.	[*Les amis du paysan*] *vinrent trouver le chevalier.* [*Ils*] *vinrent trouver le chevalier.* Sujet *Ils* est toujours sujet du verbe. Donc, *Les amis du paysan* a la fonction sujet.
	Les amis du paysan vinrent trouver [*le chevalier*]. *Les amis du paysan vinrent trouver* [*quelqu'un*]. CD *quelqu'un* remplace *le chevalier*; ce groupe de mots est complément direct du verbe.
2 L'**effacement** d'un mot ou d'un groupe de mots permet:	
a) de repérer le noyau de certains groupes de mots;	[*Une âcre odeur de charbon*] *emplit la rue.* *Une* ~~*âcre*~~ *odeur* ~~*de charbon*~~ *emplit la rue.* Seulement le déterminant *une* et le nom *odeur* ne sont pas effaçables. Le mot *odeur* est donc le noyau du groupe nominal entre crochets.
b) de vérifier si les constituants de la phrase sont obligatoires ou facultatifs.	[*Une âcre odeur de charbon*] *emplit la rue.* * ~~*Une âcre odeur de charbon*~~ *emplit la rue.* Le sujet est obligatoire. Sans lui, la phrase est agrammaticale.
3 Le **déplacement** consiste à changer la place d'un mot ou d'un groupe de mots afin:	
a) de délimiter les frontières d'un groupe;	*Je les attends* [*depuis quatre heures*]. *[Depuis] je les attends* [*quatre heures*]. *[Quatre heures], je les attends* [*depuis*]. [*Depuis quatre heures*], *je les attends.* *Depuis quatre heures* forme un groupe de mots.
b) d'identifier certaines fonctions.	*Je les attends* [*depuis quatre heures*]. [*Depuis quatre heures*], *je les attends.* CP *Depuis quatre heures* a la fonction de complément de phrase, car il se déplace en tête de phrase.

---

*L'astérisque indique que la phrase est agrammaticale.

4 L'**encadrement** permet :	
a) de trouver la classe d'un mot ;	*Elle évoquerait ses voyages.* *Elle **n'**évoquerait **pas** ses voyages.* Comme *évoquerait* peut être encadré par **ne... pas**, ce mot appartient à la classe du verbe.
b) d'identifier certaines fonctions.	*Une âcre odeur de charbon emplit la rue.* ***C'est** une âcre odeur de charbon **qui** emplit la rue.* L'encadrement du groupe nominal *une âcre odeur de charbon* par ***C'est... qui*** montre qu'il s'agit du sujet du verbe *emplit.*

PARTIE **4**

⠿ 3 LA PONCTUATION

EXERCICES 7 à 9

Le point ■	marque la fin d'une phrase déclarative ou impérative.	*Maintenant, Renart est dans sa tour.*
Le point d'interrogation **?**	marque la fin d'une phrase interrogative.	*Qu'allez-vous faire ?*
	Note : La subordonnée interrogative indirecte s'écrit sans point d'interrogation.	*Je me demande ce que vous allez faire.*
Le point d'exclamation **!**	marque la fin d'une phrase exclamative ou se place après des mots qui jouent le rôle d'interjection.	*Hélas ! sire, tout est au plus mal, les chats les ont mangées !*
Les points de suspension **...**	indiquent que la phrase est laissée inachevée. Ils expriment généralement un sous-entendu, une interruption ou une réticence.	*Et la dame, qui était fort friande, s'en régala...*
	Note : Placés entre crochets [...], les points de suspension indiquent une coupure dans une citation.	*«Mais [...] je serai maître en ma maison.»*
Le deux-points **:**	annonce : • une énumération ;	*Le cuvier est une farce à trois personnages : Jacquinot, sa femme et la mère de sa femme.*
	• une explication ;	*Je te vois bien faible : tu es le plus malade de tous.*
	• une citation ;	*La femme se mit à crier : «Sire Gombaud ! [...] Venez vite !»*
	• une conséquence.	*La femme s'est levée : la chaise a basculé.*
Le point-virgule **;**	• s'emploie pour juxtaposer des phrases qui se rattachent à la même idée (parfois dans un rapport d'opposition) ;	• *Je n'ai plus repos ni loisir ; je suis frappé et torturé de gros cailloux jetés sur ma cervelle.* • *L'une crie, l'autre grommelle ; l'une maudit, l'autre tempête.* • *Le flux les apporta ; le reflux les remporte.*

LA PONCTUATION ● **139**

Le point-virgule (*suite*) **;**	• s'emploie pour juxtaposer les éléments d'une énumération comportant eux-mêmes des éléments joints par une virgule.	*Voici le délai minimum pour la publication d'un article scientifique: transmission à un réviseur, deux semaines; lecture et révision, quatre semaines; approbation de l'auteur, trois semaines; mise en page et impression, quatre semaines.*
La virgule **,**	• sert à juxtaposer des phrases syntaxiques qui marquent l'addition, l'opposition, etc.;	*L'un joue, l'autre crie.*
	• sert à juxtaposer des mots ou des groupes de mots jouant le même rôle syntaxique dans une énumération;	*Il vous faut pétrir, cuire le pain, lessiver…*
	• détache un complément de phrase déplacé. Ce complément est suivi d'une virgule s'il se trouve en tête de phrase et est encadré de virgules s'il se trouve ailleurs dans la phrase;	• *Si en ménage il y a discorde, personne n'en peut tirer profit.* • *Matin et soir, la foule encombrait les rues.* • *La foule, matin et soir, encombrait les rues.*
	• détache (suit, précède ou encadre) un mot ou un groupe de mots (groupe du nom, groupe de l'adjectif ou groupe de l'adverbe ou du participe) qui sont mis en emphase ou qui complètent un nom ou un pronom en apportant une information non essentielle à caractère explicatif;	• *Renart, le rusé, passe le cou et la tête dans les colliers d'anguilles.*
	• détache certains éléments qui n'ont pas de fonction dans la phrase: – mot mis en apostrophe – phrase incise – phrase incidente ou groupe de mots incident;	• *Fuyez, messire, fuyez!* • *Le curé vint, dit-elle, et me demanda d'être assez bonne pour lui montrer les perdrix.* • *Il est, je crois, le plus intellectuel du groupe.*
	• détache une subordonnée relative explicative;	*La dame, qui était fort friande, s'en régala.*
	• sépare des phrases syntaxiques coordonnées. La virgule précède les coordonnants *car*, *mais*, *or*, etc.	*Ils avaient des harengs frais en quantité, car la bise avait soufflé pendant toute la semaine.*
Les guillemets **« »**	• encadrent les paroles rapportées dans un discours direct;	*L'autre s'écrie: «C'est un goupil!»*
	• encadrent les expressions familières, celles qui appartiennent à une langue étrangère ou celles que l'on veut mettre en évidence;	*Il s'enhardit et d'une voix «staccato» lui fit la cour.*

Les guillemets (*suite*) **« »**	• encadrent les citations courtes.	*En effet, «les maisons basses» et les «quartiers de grande misère» de Saint-Henri font ressortir le caractère cossu de Westmount.* (cité de Gabrielle Roy, *Bonheur d'occasion*)
Le tiret **—**	indique le changement d'interlocuteur dans un dialogue.	*— Quel temps fait-il ?* *— Superbe.* *— Et la pêche ?* *— Mauvaise.*
	Le double tiret encadre un mot ou un groupe de mots constituant une information accessoire (par exemple un commentaire, une précision).	*Les médicaments — prenez-y garde — ne doivent pas rester à la portée des enfants.*
Les parenthèses **( )**	encadrent un mot ou un groupe de mots constituant une information accessoire (par exemple une explication, un commentaire).	*Un lièvre en son gîte songeait (car que faire en un gîte, à moins que l'on ne songe ?).*

4 LES GROUPES DE MOTS ET LEURS FONCTIONS

EXERCICE 10

4.1 Les groupes de mots

Une phrase syntaxique est constituée de groupes de mots. Chaque groupe contient un noyau, qui est le mot essentiel du groupe et qui lui donne son nom.

Par convention, on parle de «groupe de mots» même quand celui-ci ne contient qu'un seul mot.

SUJET	PRÉDICAT	COMPLÉMENT DE PHRASE
L'adolescent	*termina la lecture du roman*	*durant la nuit.*
Ici, le sujet est un GN.	Le prédicat est toujours un GV.	Ici, le CP est un GPrép.

Les différents groupes de mots		
GN	Groupe du nom ou groupe nominal, le noyau est un nom ou un pronom.	*Un malaise la reprenant, Florentine s'arrêta.* *Les Lacasse tentent de survivre.*
GV	Groupe du verbe ou groupe verbal, le noyau est un verbe.	*Son terme approchait.*
GAdj	Groupe de l'adjectif ou groupe adjectival, le noyau est un adjectif.	*Daniel est malade.*
GAdv	Groupe de l'adverbe ou groupe adverbial, le noyau est un adverbe.	*Elle s'arrêta subitement.*
GPrép	Groupe de la préposition ou groupe prépositionnel, le noyau est une préposition.	*La scène se passait d'explication.* *Le bruit sort de là.*
GInf	Groupe du verbe à l'infinitif ou groupe infinitif, le noyau est un verbe à l'infinitif.	*Lire les grands auteurs est souvent une activité de détente.*
GPart	Groupe du verbe au participe ou groupe participial, le noyau est un verbe au participe présent.	*Les baigneurs regardent les vagues déferlant sur le rivage.*

4.2 Les principales fonctions des groupes de mots

	SUJET *L'adolescent*	PRÉDICAT *termina [la lecture du roman]* [CD]	COMPLÉMENT DE PHRASE *durant la nuit.*
Encadrement	*C'est* l'adolescent *qui* termina	*C'est* la lecture du roman *que* l'adolescent termina	*et cela se passe* durant la nuit.
Effacement	*L̶'̶a̶d̶o̶l̶e̶s̶c̶e̶n̶t̶* termina la lecture du roman.	*L'adolescent termina l̶a̶ ̶l̶e̶c̶t̶u̶r̶e̶ ̶d̶u̶ ̶r̶o̶m̶a̶n̶.	L'adolescent termina la lecture d̶u̶r̶a̶n̶t̶ ̶l̶a̶ ̶n̶u̶i̶t̶.
Déplacement	*Termina la lecture l'adolescent.	*La lecture du roman l'adolescent termina.	Durant la nuit, l'adolescent termina la lecture du roman.
Remplacement	*Il* termina la lecture.	L'adolescent *la* termina. Il termina *quelque chose.*	Pas de remplacement ni de pronominalisation.

4.2.1 Le prédicat

Le prédicat de la phrase est l'un des deux constituants obligatoires de la phrase. Cette fonction est toujours remplie par un groupe verbal (GV).

Repérage et délimitation du prédicat de la phrase	
Le prédicat de la phrase: • n'est pas effaçable (il est un constituant obligatoire);	*Les policiers <u>ont arrêté le suspect</u>.* **Les policiers <s>ont arrêté le suspect</s>.*
• n'est généralement pas déplaçable et se place après le sujet;	**<u>Ont arrêté le suspect</u> les policiers.*
• n'est pas pronominalisable.	

Éléments pouvant avoir la fonction de prédicat de la phrase	
Seul le groupe verbal (GV) peut avoir la fonction de prédicat.	*Les suspects <u>seront interrogés</u>.* *Le procès <u>durera deux semaines</u>.* *Les témoins <u>n'ont pas reconnu les coupables</u>.*

4.2.2 Le sujet
EXERCICE 11

Le sujet de la phrase est l'un des deux constituants obligatoires de la phrase. Le sujet représente ce dont on parle, et ce qu'on en dit est exprimé par le prédicat.

SUJET (ce dont on parle)	PRÉDICAT (ce qu'on en dit)
<u>Les abeilles</u>	*voltigent.* (Le sujet fait l'action exprimée par le verbe.)
<u>La cigogne</u>	*fut invitée par le renard.* (Le sujet subit l'action exprimée par le verbe passif.)
<u>Il</u>	*semble malade.* (Le sujet se trouve dans l'état exprimé par le verbe attributif.)

Repérage et délimitation du sujet	
1 Pour repérer le groupe nominal sujet, on peut l'encadrer par *C'est... qui* ou *Ce sont... qui.*	<u>Le vilain</u> prit deux perdrix. **C'est** <u>le vilain</u> **qui** prit deux perdrix. Quand on encadre le pronom par *C'est... qui* ou *Ce sont... qui*, le pronom sujet *il* devient *lui* (ou *moi, toi* ou *eux*). <u>Il</u> prit deux perdrix. **C'est** <u>lui</u> **qui** prit deux perdrix.

---

*L'astérisque indique que la phrase est agrammaticale.

2 Le sujet :	*Le vilain* prit deux perdrix.
• n'est pas effaçable ;	*~~Le vilain~~ prit deux perdrix.
• n'est pas déplaçable (dans les types de phrases qui ne demandent pas d'inversion du sujet) ;	*Prit deux perdrix *le vilain*.
• est pronominalisable.	*Le vilain* prit deux perdrix. *Il* prit deux perdrix. Pron

Éléments pouvant avoir la fonction sujet

Les éléments qui peuvent avoir la fonction sujet sont :	
• le groupe nominal (GN) ;	*Le ministre* approuve la réforme.
• le pronom ;	*Elle* étudie.
• le groupe du verbe à l'infinitif ;	*Lire* ouvre de nouveaux horizons.
• la subordonnée complétive.	*Qu'il arrive à destination* me surprendrait.

Place du sujet

1 Généralement, le sujet est placé avant le verbe.	*L'enseignant* convoque l'élève.
2 Il arrive cependant que le sujet et le verbe soient inversés :	
• quand un adverbe ou un complément de phrase est en tête de phrase ;	Le long d'un clair ruisseau buvait *une colombe*.
• dans les phrases interrogatives ;	Voulez-*vous* réviser ce document ?
• dans les phrases qui commencent par *ainsi, aussi, peut-être, à peine*, etc. ;	À peine aura-t-*il* tourné le dos que le chapelain viendra avec assiduité faire la cour à sa femme.
• dans une subordonnée relative (complément du nom) ou circonstancielle (complément de phrase) ;	C'est un trou de verdure [où chante *une rivière*]. SUB.
• dans les phrases incises, avec les verbes *dire, répondre, crier, ajouter*, etc.	Hélas ! Pauvre de moi, se disait *le paysan*.
3 À l'impératif, le sujet est absent.	*Tournez à droite.*

Particularités de la pronominalisation du sujet

1 Lorsque le sujet comprend plusieurs noyaux dont un ou des pronoms personnels, il faut en vérifier la personne. Dès qu'il y a un pronom de la 1re personne, le groupe sujet est pronominalisé par *nous*.	• Nous [*Toi* et *moi*] sommes nommés responsables. • Nous [*Paul, toi* et *moi*] sommes nommés responsables. • Vous [Ton *voisin* et *toi*] serez les délégués du quartier. • Ils [Léo et Zoé] seront les délégués du quartier.
2 Lorsque le sujet est un GInf ou une phrase subordonnée complétive, la pronominalisation s'effectue à l'aide de *cela* (3e personne du singulier).	• cela Pour cet élève timide, [*réciter un poème*] est une tâche difficile. • Cela [*Qu'il arrive à destination*] me surprendrait.

---

*L'astérisque indique que la phrase est agrammaticale.

EXERCICE
12
4.2.3 L'attribut (Attr)

L'attribut fait partie du GV. Ce sont les **verbes attributifs** qui introduisent l'attribut et qui présentent un état et non une action: *être, paraître, sembler, devenir, demeurer, rester, avoir l'air*, etc. On distingue l'attribut du sujet et l'attribut du complément direct du verbe.

L'attribut peut être relié au **sujet**:

- par un verbe attributif;
- par d'autres verbes qui peuvent occasionnellement être attributifs:
  - un verbe pronominal comme *se croire, se sentir, se dire*;
  - un verbe à la forme passive comme *être appelé, être pris pour, être considéré comme*;
  - un verbe d'action intransitif qui présente une manière d'être: *tomber, mourir, vivre, dormir*, etc.

L'attribut peut être relié au **complément direct**:

- par un verbe de déclaration ou d'opinion comme *juger, trouver, traiter de, nommer, élire*, etc.

Repérage et délimitation de l'attribut

1 L'attribut du sujet:	*Ces deux perdrix sont <u>délicieuses</u>.*
• n'est pas effaçable;	** Ces deux perdrix sont ~~délicieuses~~.*
• n'est pas déplaçable;	** <u>Délicieuses</u> ces deux perdrix sont.*
• est pronominalisable par **le, l'** ou **en**.	*Ces deux perdrix <u>le</u> sont.*
2 L'attribut du complément direct du verbe:	*Je juge cette réponse <u>impertinente</u>.*
• n'est pas effaçable;	** Je juge cette réponse ~~impertinente~~.*
• n'est habituellement pas déplaçable;	** <u>Impertinente</u> je juge cette réponse.*
• n'est pas pronominalisable.	

Éléments pouvant avoir la fonction d'attribut du sujet

Les mots qui peuvent avoir la fonction d'attribut du sujet sont:	
• le groupe adjectival (GAdj);	*Les deux perdrix sont <u>délicieuses</u>.*
• le groupe nominal (GN);	*Les deux perdrix sont <u>un vrai délice</u>.*
• le groupe prépositionnel (GPrép);	*Les deux perdrix sont <u>à bon prix</u>.*
• le pronom (Pron);	*L'une est délicieuse, l'autre ne <u>l'</u>est pas. Cette perdrix est <u>la mienne</u>.*
• le groupe du verbe à l'infinitif (GInf).	*Plonger n'est pas <u>nager</u>.*

Éléments pouvant avoir la fonction d'attribut du complément direct du verbe

Les mots qui peuvent avoir la fonction d'attribut du complément direct du verbe sont:	
• le groupe adjectival (GAdj);	*Je juge cette réponse <u>impertinente</u>.*
• le groupe nominal (GN);	*Je juge cette tâche <u>une perte de temps</u>.*
• le groupe prépositionnel (GPrép).	*Je nomme ma sœur <u>à la tête du réseau</u>.*

---

* L'astérisque indique que la phrase est agrammaticale.

(suite)

Place de l'attribut	
1 Généralement, l'attribut est placé après le verbe. S'il s'agit d'un pronom personnel, il est placé avant le verbe.	*Je trouvais les deux perdrix <u>délicieuses</u>; pourtant, elles ne <u>l</u>'étaient pas.*
2 On peut aussi trouver l'attribut en tête de phrase.	<u>*Délicieuses*</u> *seront ces perdrix si tu ajoutes les bonnes épices.*

4.2.4 Les compléments du verbe

Les compléments directs (CD) et les compléments indirects (CI) du verbe font partie du groupe verbal. Les groupes verbaux qui contiennent un CD ou un CI ou les deux à la fois ont comme noyau un verbe transitif. Les verbes qui ne commandent pas de complément, ni CD ni CI, sont des verbes intransitifs.

EXERCICE 13 ### Le complément direct (CD) du verbe

Le complément direct est un mot ou un groupe de mots qui dépend d'un verbe non attributif en construction directe, généralement sans préposition.

Repérage et délimitation du CD	
1 Pour repérer le CD, on peut l'encadrer par *C'est… que.*	*Les Grecs assiégèrent <u>la ville de Troie</u>.* **C'est** *<u>la ville de Troie</u>* **que** *les Grecs assiégèrent.*
2 Le CD	*Les Grecs assiégèrent <u>la ville de Troie</u>.*
• n'est pas effaçable;	* *Les Grecs assiégèrent <s>la ville de Troie</s>.*
• n'est pas déplaçable;	* *<u>La ville de Troie</u> les Grecs assiégèrent.*
• est remplaçable par *le, la, les, en, cela, quelque chose, quelqu'un.*	*Les Grecs <u>l</u>'assiégèrent.* *Les Grecs assiégèrent <u>quelque chose</u>.*

Éléments pouvant avoir la fonction CD	
Le CD peut être :	
• un groupe nominal (GN);	*Les Troyens ont perdu <u>la bataille</u>.*
• un pronom (Pron);	*Cette bataille qu'ont menée les Troyens, ils <u>l</u>'ont perdue.*
• un groupe verbal à l'infinitif (GInf) ou une subordonnée construite avec un GInf;	*Les Grecs aiment <u>vaincre</u>.* *On voit <u>les Grecs prendre la ville de Troie</u>.*
• une subordonnée complétive.	*J'espère <u>que vous viendrez</u>.*

Place du CD	
1 Le GN ou la subordonnée complément direct suit généralement le verbe.	*On voit <u>les Grecs prendre la ville de Troie</u>.*
2 Le pronom personnel complément direct précède le verbe.	*Elle <u>les</u> servit volontiers.*
3 Dans l'interrogation et l'exclamation, le complément direct peut être placé avant le verbe.	*<u>Quel vilain temps</u> nous avons eu cet été!*

---

* L'astérisque indique que la phrase est agrammaticale.

EXERCICE 14 **Le complément indirect (CI) du verbe**

Le complément indirect est un mot ou un groupe de mots qui dépend d'un verbe non attributif en construction indirecte, avec une préposition.

Repérage et délimitation du CI

1 Pour repérer le CI, on peut l'encadrer par *C'est... que*.	*Il ressemble <u>à son père</u>.* ***C'est** <u>à son père</u> **qu'**il ressemble.*
2 Le CI est généralement construit à l'aide d'une préposition qui appartient à la construction du verbe.	*Il ressemble <u>à son père</u>.* *Il se souvient <u>du passé</u>.*
3 Le CI:	
• n'est pas déplaçable en tête de phrase;	**<u>À son père</u> il ressemble.* **<u>Du passé</u> il se souvient.*
• est pronominalisable. Il se remplace par *lui, leur, en, y* ou par une préposition + *quelque chose* ou *quelqu'un*.	*Il <u>lui</u> ressemble.* (ressembler **à** quelqu'un) *Il s'<u>en</u> souvient.* (se souvenir **de** quelque chose)

Éléments pouvant avoir la fonction CI

Le CI peut être:

• un groupe prépositionnel (GPrép);	*Il songeait encore <u>aux vacances d'été</u>.*
• un pronom (Pron);	*Elle <u>lui</u> téléphone.* (téléphoner **à** quelqu'un)
• un groupe adverbial (GAdv);	*Le train de six heures ira <u>là-bas</u>.*
• une subordonnée complétive.	*Je doute <u>que vous soyez capable de réaliser ce projet</u>.* (douter **de** quelque chose)

Place du CI

1 Le GPrép, le GAdv et la subordonnée CI suivent généralement le verbe.	*Il a expliqué sa réponse <u>à son tuteur</u>.*
2 Le pronom personnel CI précède généralement le verbe.	*Il <u>lui</u> a expliqué sa réponse.*
3 En général, le CI est placé après de CD.	*Martin chante <u>des chansons</u> <u>à sa mère</u>.* CD CI

Cependant, si le CI est plus court que le CD, il peut précéder ce dernier.	*Martin chante <u>à sa mère</u>*
	                CI
	 <u>les meilleures chansons de son répertoire</u>.
	                CD

EXERCICE 15 ## 4.2.5 Le complément de phrase (CP)

Un mot, un groupe de mots ou une phrase syntaxique est complément de phrase quand il indique la circonstance dans laquelle est arrivé ce qu'on dit à propos du sujet.

Repérage et délimitation du CP

	SUJET PRÉDICAT CP
1 Le CP complète la phrase formée par le sujet et le prédicat.	*[Il] [était derrière sa charrue] [<u>du matin au soir</u>].*
2 Le CP:	
• est supprimable;	*Il était derrière sa charrue ~~du matin au soir~~.*
• est déplaçable;	*<u>Du matin au soir</u>, il était derrière sa charrue.*

---

*L'astérisque indique que la phrase est agrammaticale.

2 (*suite*)	
• peut être employé après *et cela…* ou *et cela se passe…*;	*Il était derrière sa charrue **et cela se passait du matin au soir**.*
• n'est pas remplaçable par un pronom, sauf par le pronom adverbial *y* s'il désigne un lieu.	*Dans ton bulletin, j'ai vu une amélioration. J'**y** ai vu une amélioration.*

Éléments pouvant avoir la fonction de CP	
Les mots ou les groupes de mots qui peuvent avoir la fonction de CP sont:	
• le groupe du nom (GN);	*La semaine prochaine, je t'appellerai.*
• le groupe prépositionnel (GPrép);	*On fit du feu dans la salle.*
• le pronom *y* désignant un lieu (équivalent à un GPrép);	*Ton sac est lourd. J'**y** ai déposé mon dictionnaire.*
• le groupe adverbial (GAdv);	*Le roi le quitta rapidement.*
• la subordonnée circonstancielle.	*Vous pourrez repartir chez vous quand vous le désirerez.*

Place du CP	
1 Le CP peut se déplacer librement dans la phrase.	*Il était, du matin au soir, derrière sa charrue.*
2 Pour le mettre en relief, on le place parfois en tête de phrase et il est alors suivi de la virgule.	*Du matin au soir, il était derrière sa charrue.*

⁙ 5 LES CLASSES DE MOTS

EXERCICE 16

Des caractéristiques syntaxiques, morphologiques et sémantiques communes déterminent l'appartenance des mots à une classe. Nous pouvons identifier en français huit classes de mots:

- les cinq premières, de forme **variable**, regroupent le nom, le pronom, le déterminant, l'adjectif et le verbe;
- les trois autres, de forme **invariable**, regroupent l'adverbe, la préposition et la conjonction.

Exemple: *L'adolescent termina la lecture de la pièce durant la nuit.*

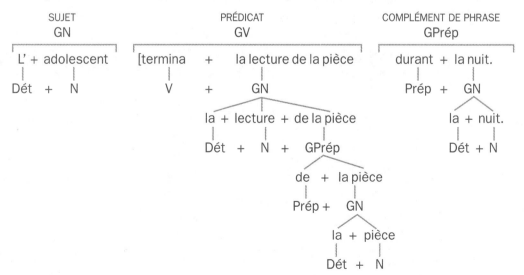

Mémento grammatical

5.1 Les mots variables

Les mots variables sont soit donneurs d'accord (nom, pronom), soit receveurs d'accord (déterminant, adjectif, verbe).

5.1.1 Le nom (N)

Le nom est le noyau du groupe nominal. Il est donneur d'accord en genre et en nombre. Il est généralement précédé d'un déterminant.

Les types de noms	
Nom commun	*château, chevalier, panier, anguille*
Nom propre (prend la majuscule)	*Renart, Montréal, un Montréalais*
Nom concret (que nos sens peuvent percevoir)	*papyrus, œil, caisse*
Nom abstrait (que notre esprit peut percevoir)	*vie, âme, liberté*

5.1.2 Le pronom (Pron)

Le pronom remplace généralement un mot ou un groupe de mots. Le pronom peut être le noyau d'un groupe nominal s'il remplace un GN ou s'il en est l'équivalent. Il est donneur d'accord en genre, en nombre et, s'il est le sujet d'un verbe, en personne.

Attention! Le pronom est donneur d'accord à l'intérieur d'une phrase, mais entre deux phrases, il est aussi receveur (il prend les marques d'accord de son antécédent).

Les types de pronoms	
Pronom personnel	*je, tu, il, elle, nous, vous, ils, elles, moi, toi, le, la, en, y,* etc.
Pronom possessif	*le mien, le tien, la mienne, la tienne, les leurs,* etc.
Pronom démonstratif	*celui, celui-ci, celle-là, ce (cela), ceux, ceci, ceux-ci,* etc.
Pronom indéfini	*on, personne, aucun, chacun, nul, pas un, tout, quelqu'un,* etc.
Pronom interrogatif	*qui, que, quoi, lequel, laquelle, qui est-ce qui,* etc.
Pronom relatif	*qui, que, quoi, dont, où, lequel, laquelle, quiconque,* etc.

5.1.3 Le déterminant (Dét)

Le déterminant ne peut pas être le noyau d'un groupe. Il introduit le nom (noyau du GN) et reçoit son genre et son nombre. Il est donc receveur d'accord.

Les types de déterminants	
Déterminant défini	
• forme simple	*le, la, les, l'*
• forme contractée (ou déterminant prépositionnel)	*au, aux, du, des*
Déterminant indéfini	*un, une, des, chaque, plusieurs, quelque, tout, certain,* etc.
Déterminant indéfini partitif	*du, de la, de l', des*
Déterminant possessif	*mon, ton, son, ma, ta, sa, mes, tes, ses, notre,* etc.
Déterminant démonstratif	*ce, cet, cette, ces*
Déterminant interrogatif	*quel, quelle, quels, quelles*

Les types de déterminants (suite)	
Déterminant exclamatif	*quel, quelle, quels, quelles*
Déterminant numéral	*deux, trois, cent, mille, premier, sixième,* etc.

5.1.4 L'adjectif (Adj)

L'adjectif est le noyau du groupe adjectival. Il reçoit le genre et le nombre du nom qu'il complète. Il est donc receveur d'accord. L'adjectif peut occuper différentes positions dans la phrase selon sa fonction.

La position de l'adjectif	
1 Comme complément du nom, l'adjectif peut être:	
• placé avant ou après le nom;	*Les <u>longues</u> heures <u>mornes</u> du voyage l'avaient beaucoup fatigué.*
• séparé du nom par une virgule.	*<u>Béant</u> d'horreur, l'homme ne pouvait détacher les yeux de cette apparition.*
2 Comme attribut du sujet, il est séparé du nom sujet par un verbe attributif. Il fait alors partie du groupe verbal.	*La femme était <u>heureuse</u> de revoir son fils après tant d'années.*
3 Comme attribut du complément direct du verbe, il est placé après le nom CD et fait aussi partie du groupe verbal.	*Ils jugèrent cet appartement <u>sombre</u>.*

5.1.5 Le verbe (V)

Le verbe est le noyau du groupe verbal. Il est receveur d'accord en personne et en nombre.

Quelques caractéristiques du verbe	
1 Le verbe peut être:	
• attributif;	*Daniel <u>était</u> tout petit.*
• non attributif.	
– intransitif	• *Catherine <u>dort</u>.*
– transitif direct	• *J'<u>ai lavé</u> le couvert.*
– transitif indirect	• *Il <u>pensait</u> à sa sœur.*
– transitif direct et indirect	• *Il <u>ôta</u> le livre de la table.*
2 Il peut être conjugué:	
• à un temps simple, sans auxiliaire;	*Je <u>travaille</u>. Il <u>partait</u>.*
• à un temps composé, avec l'auxiliaire *avoir* ou *être*.	*J'<u>avais travaillé</u>. Elle <u>est partie</u>. J'<u>avais été choisi</u>.*
3 Il peut varier en personne, en temps et en mode.	*Je <u>pensais</u> qu'on <u>aurait eu</u> quelques jours de répit.*
4 Le verbe pronominal comprend le pronom *se* à l'infinitif. Ce pronom renvoie au sujet.	*Il <u>s'approcha</u> en tremblant.*
5 Le verbe passif se compose du verbe *être* et du participe passé du verbe de la phrase active qui lui correspond. Ce verbe passif est le noyau du groupe verbal d'une phrase passive.	Phrase passive: *L'orchestre <u>est dirigé</u> par une grande musicienne.* Phrase active: *Une grande musicienne <u>dirige</u> l'orchestre.*

5.2 Les mots invariables

5.2.1 L'adverbe (Adv)

L'adverbe est le noyau du groupe adverbial. Il peut avoir une forme simple ou complexe.

Quelques adverbes selon leur sens		
Adverbes de manière	Forme simple	*ainsi, amoureusement, bien, debout, ensemble, exprès, joliment, mal, même, mieux, pis, plutôt, vite, volontiers,* etc.
	Forme complexe	*à contrecœur, à reculons, à tort, à tâtons, à tue-tête, au fur et à mesure, au hasard, bon gré mal gré, de bon gré, en vain, sens dessus dessous, tour à tour,* etc.
Adverbes de quantité	Forme simple	*assez, aussi, autant, beaucoup, bien, combien, davantage, guère, moins, peu, plus, presque, tant, tellement, tout, très, trop,* etc.
	Forme complexe	*à demi, à moitié, à peine, à peu près, pas du tout, peu à peu, tout à fait,* etc.
Adverbes de lieu	Forme simple	*ailleurs, autour, dedans, dehors, derrière, dessous, dessus, devant, ici, là, loin, où, partout, près,* etc.
	Forme complexe	*à droite, à gauche, au centre, au-dedans, au-dehors, au-dessus, çà et là, de-ci de-là, d'ici, d'où, en avant, en arrière, en dessous, là-haut, là-bas, nulle part, par ici, par où, quelque part,* etc.
Adverbes de temps	Forme simple	*alors, aussitôt, bientôt, demain, désormais, encore, enfin, hier, jadis, jamais, maintenant, souvent, tard, tôt, toujours,* etc.
	Forme complexe	*aujourd'hui, à présent, avant-hier, d'abord, de loin en loin, dès lors, de nouveau, de temps en temps, sur-le-champ, tout à coup, tout de suite,* etc.
Adverbes d'affirmation	Forme simple	*assurément, bien, certainement, certes, évidemment, effectivement, oui, parfaitement, si,* etc.
	Forme complexe	*bien sûr, en vérité,* etc.
Adverbes de doute	Forme simple	*apparemment, probablement,* etc.
	Forme complexe	*peut-être, sans doute,* etc.
Adverbes qui jouent le rôle syntaxique de marqueur de négation et de marqueur de restriction	Forme simple	*non, ne*
	Forme complexe	*ne… pas, ne… point, ne… plus, ne… guère, ne… jamais,* etc. *ne… que*
Adverbes qui jouent le rôle syntaxique de marqueur d'interrogation (pour la phrase de type interrogatif)	de cause	*pourquoi*
	de lieu	*d'où, où, par où*
	de manière	*comment*
	de quantité	*combien*
	de temps	*quand, depuis quand*
	pour l'interrogation totale	*est-ce que*

Note: Les adverbes en *–ment* sont la plupart du temps formés à partir d'un adjectif féminin auquel est ajouté le suffixe *–ment*: *lourd → lourde → lourdement*.

On ajoute *–ment* à l'adjectif masculin se terminant par une voyelle: *poli → poliment*.

On écrit *–amment* si l'adjectif au masculin se termine par *–ant*: *abondant → abondamment*.

On écrit *–emment* si l'adjectif au masculin se termine par *–ent*: *évident → évidemment*.

5.2.2 La préposition (Prép)

La préposition est le noyau obligatoire du groupe prépositionnel. Elle peut avoir une forme simple ou complexe. Elle sert à introduire le complément d'un autre mot, groupe de mots ou phrase.

Les prépositions simples et complexes	
Forme simple	*à, après, avant, avec, chez, contre, dans, de, depuis, derrière, dès, devant, durant, en, entre, excepté, hors, malgré, outre, par, parmi, pendant, pour, sans, sauf, selon, sous, sur, vers, vu*, etc.
Forme complexe	*à cause de, afin de, à force de, à travers, au-dessous de, au-dessus de, au-devant de, au lieu de, aux environs de, avant de, d'après, en dessous de, en face de, en dépit de, étant donné, eu égard à, grâce à, jusqu'à, loin de, par-devant, par-dessus, par-dessous, par-delà, près de, quant à, vis-à-vis de*, etc.

5.2.3 La conjonction (Conj)

La conjonction ne peut pas être le noyau d'un groupe. Elle peut relier des mots, des groupes de mots ou des phrases syntaxiques par coordination, qui jouent le même rôle syntaxique; il s'agit alors d'un coordonnant. Elle peut aussi relier des phrases par subordination, c'est-à-dire que l'une devient la subordonnée de l'autre; il s'agit alors d'un subordonnant. Elle peut avoir une forme simple ou complexe.

La conjonction de coordination (ou coordonnant)

La conjonction de coordination sert à relier deux mots, deux groupes de mots ou deux phrases syntaxiques de même fonction.

Des conjonctions de coordination	
Forme simple	*mais, ou, et, donc, or, ni, car*, etc.
Forme complexe ou dans une construction symétrique	*et… et, ni… ni, ou… ou, soit… soit, d'une part… d'autre part, non seulement… mais encore (mais aussi)*, etc.

Les rapports exprimés par les conjonctions de coordination	
Addition	*et, ni* (addition d'éléments négatifs), *puis*, etc.
Alternative	*ou, ou bien, ou… ou, soit… soit, tantôt… tantôt*, etc.
Cause	*car, en effet*, etc.
Concession	*or, or donc*, etc.
Conséquence	*c'est pourquoi, donc, par conséquent, par exemple*, etc.
Explication	*à savoir, c'est-à-dire, soit*, etc.
Gradation	*de plus, en outre*, etc.
Opposition	*au contraire, cependant, néanmoins, mais, pourtant*, etc.

Mémento grammatical

La conjonction de subordination (ou subordonnant)

La conjonction de subordination sert à insérer une phrase syntaxique dans une autre. La phrase insérée s'appelle «subordonnée». Celle-ci perd son autonomie syntaxique et dépend du groupe ou de la phrase dans lequel ou laquelle elle est insérée.

Les conjonctions de subordination ou subordonnants		
La subordonnée complétive est généralement introduite par		*que*
Les subordonnées circonstancielles	de but	*afin que, de peur que, pour que*, etc.
	de cause	*attendu que, comme, étant donné que, parce que, puisque, sous prétexte que*, etc.
	de comparaison	*ainsi que, à mesure que, autant que, comme, comme si, de même que*, etc.
	de concession	*alors que, bien que, même si, pour… que, quelque… que, quoique, tout… que*, etc.
	de condition	*à condition que, à moins que, pourvu que, si, soit que… soit que*, etc.
	de conséquence	*au point que, de façon que, de sorte que, si… que, tant… que*, etc.
	de temps	*après que, dès que, jusqu'à ce que, lorsque, quand, tant que, tandis que*, etc.

Note: Les pronoms relatifs ont aussi la fonction de subordonnant. Voir «Le pronom» (5.1.2) à la page 148.

6 LA FORMATION DE CERTAINS FÉMININS ET PLURIELS

 EXERCICES 17 et 18

6.1 Le nom

6.1.1 La formation du féminin des noms

1 En règle générale, on forme le féminin du nom en ajoutant un **e** au nom au masculin.	*un ami* → *une ami**e***
2 Certains noms doublent la consonne finale au féminin.	*un lio**n*** → *une lio**nne***
3 Certains noms ont une terminaison modifiée au féminin:	
• les noms en –**er** font leur féminin en –**ère**;	*un boulang**er*** → *une boulang**ère***
• les noms en –**eur** font leur féminin en –**euse**, en –**eresse** ou en –**eure**;	*un vend**eur*** → *une vend**euse***
	*un chass**eur*** → *une chass**euse*** ou *une chass**eresse*** (terme littéraire)
	*un ingéni**eur*** → *une ingéni**eure***
• les noms en –**teur** font leur féminin en –**trice** ou en –**teure**;	*un anima**teur*** → *une anima**trice***
	*un au**teur*** → *une au**teure***

3 (suite)	
• la plupart des noms masculins en –**e** gardent la même forme au féminin; certains font leur féminin en –**esse**;	*un élève* → *une élève* *un prince* → *une princesse*
• parfois, la consonne finale du masculin change au féminin;	*un loup* → *une louve* *un veuf* → *une veuve* *un époux* → *une épouse*
• les noms en –**eau** font leur féminin en –**elle**.	*un chameau* → *une chamelle*
4 Le féminin et le masculin de certains noms animés sont parfois des mots différents.	*un serviteur* → *une servante* *un frère* → *une sœur* *un dindon* → *une dinde* *un cheval* → *une jument*

6.1.2 La formation du pluriel des noms

1 En règle générale, les noms prennent un **s** au pluriel. Ceux qui se terminent par **s**, **x** et **z** sont invariables.	*une voiture* → *des voitures* *un repas* → *des repas* *une noix* → *des noix* *le gaz* → *les gaz*
2 Les noms en –**au**, –**eau**, –**eu** prennent un **x** au pluriel, sauf *landau*, *sarrau*, *bleu* et *pneu* qui prennent un **s**.	*un tuyau* → *des tuyaux* *un veau* → *des veaux* *un feu* → *des feux* *un landau* → *des landaus*
3 Les noms en –**al** font leur pluriel en –**aux**, sauf *bal*, *cal*, *carnaval*, *chacal*, *festival*, *pal*, *récital* et *régal* qui prennent un **s** au pluriel.	*un cheval* → *des chevaux* *un bal* → *des bals*
4 Les noms en –**ail** prennent un **s** au pluriel, sauf *bail*, *corail*, *émail*, *soupirail*, *travail*, *vantail* et *vitrail* qui font leur pluriel en –**aux**.	*un chandail* → *des chandails* *un corail* → *des coraux*
5 Les noms en –**ou** prennent un **s** au pluriel, sauf *bijou*, *caillou*, *chou*, *genou*, *hibou*, *joujou* et *pou* qui font leur pluriel en –**oux**.	*un trou* → *des trous* *un bijou* → *des bijoux*
6 Le pluriel des noms de forme complexe:	
• seuls les noms et les adjectifs peuvent prendre la marque du pluriel;	*une basse-cour* → *des basses-cours*
• les mots invariables et les verbes ne prennent pas la marque du pluriel.	*une arrière-boutique* → *des arrière-boutiques* *un laissez-passer* → *des laissez-passer*
Note: Si le nom complexe s'écrit en un seul mot, seul le dernier élément prend la marque du pluriel, sauf *mesdames*, *mesdemoiselles*, *messieurs*, *bonshommes*, *gentilshommes*.	*un portemanteau* → *des portemanteaux* *un passeport* → *des passeports*
On supprime le trait d'union dans les mots composés formés avec **bas(se)**, **bien**, **haut(e)**, **mal**, **mille** et un verbe avec **tout**.	*des bienêtres, des malfamés, des fourretouts, des millepattes*

(*suite*)

7 Les noms propres sont invariables quand ils désignent des familles.	*les Tremblay, les Romanov, les Lenoir*
Ils prennent la marque du pluriel:	
• s'ils désignent une famille royale ou illustre;	*la famille des Bourbons, les Stuarts*
• s'ils désignent une personne prise comme type;	*les Platons, les Einsteins*
• s'ils désignent les œuvres d'un artiste;	*les Raphaëls, les Zolas*
• s'ils désignent un pays, un peuple ou un lieu géographique.	*les États-Unis, les Grecs, les Alpes*
8 Les noms d'origine étrangère francisés:	
• prennent un **s** au pluriel;	*un concerto → des concertos*
• quelques-uns ont deux pluriels, le pluriel français et le pluriel de la langue d'origine;	*un match → des matchs ou des matches*
• certains sont invariables.	*un nota bene → des nota bene*
	un statu quo → des statu quo
9 **Gens** est un nom masculin pluriel, sauf s'il est immédiatement précédé d'un adjectif: il est alors féminin pluriel.	*Les gens sont **bons**.*
	*Il fréquente de **bonnes** gens.*

6.2 L'adjectif

6.2.1 La formation du féminin des adjectifs

1 En règle générale, on forme le féminin de l'adjectif en ajoutant un **e** à l'adjectif au masculin.	*noir → noire* *grand → grande*
2 Certains adjectifs doublent la consonne finale au féminin. Exceptions: tier**s** → tier**ce** gri**s** → gri**se**	*cruel → cruelle* *coquet → coquette* *bas → basse* *vieillot → vieillotte*
3 Les adjectifs en –**et** doublent le **t**, sauf *complet, incomplet, désuet, discret, indiscret, inquiet, replet* et *secret* qui prennent un accent grave devant la syllabe muette.	*muet → muette* *complet → complète*
4 Certains adjectifs ont une terminaison modifiée au féminin:	
• les adjectifs terminés par –**f** font leur féminin en –**ve**; **Note:** bref → brève (ajout d'un accent)	*vif → vive*
• les adjectifs terminés par –**x** font leur féminin en –**se**;	*heureux → heureuse*
• les adjectifs terminés par –**eur** font leur féminin en –**euse** ou en –**eresse**;	*menteur → menteuse* *pécheur → pécheresse* (terme littéraire)
• les adjectifs terminés par –**teur** font leur féminin en –**trice**.	*consolateur → consolatrice*
5 Quelques féminins sont irréguliers:	*favori → favorite* *malin → maligne* *grec → grecque* *vieux → vieille*

6.2.2 La formation du pluriel des adjectifs

1 En règle générale, on forme le pluriel de l'adjectif en ajoutant un **s** à l'adjectif au singulier.	*noir* → *noir***s** *noire* → *noire***s**
2 Les adjectifs en **–al** font leur pluriel en **–aux**, sauf *banal*, *bancal*, *final*, *glacial*, *natal* et *naval* qui font leur pluriel en **–als**.	*mondial* → *mondi***aux** *fatal* → *fat***als**
3 Les adjectifs en **–eau** prennent un **x** au pluriel.	*nouveau* → *nouv***eaux**
4 Les adjectifs en **–ou** prennent un **s** au pluriel.	*fou* → *fou***s**

6.2.3 L'accord de l'adjectif

1 L'adjectif reçoit le genre et le nombre de son donneur d'accord, c'est-à-dire du nom ou du pronom qu'il complète ou dont il est l'attribut.	*une* **grande** *manifestation* *Ces livres sont* **intéressants**.
2 Les adjectifs **demi**, **mi**, **semi** et **nu** :	
• placés devant le nom sont suivis d'un trait d'union et sont invariables ;	*aller* **nu**-*pieds* *plusieurs* **demi**-*heures*
• placés après le nom qu'ils complètent, l'adjectif **demi** s'accorde en genre seulement et l'adjectif **nu** s'accorde en genre et en nombre.	*trois heures et* **demie** *marcher pieds* **nus**
3 L'accord des adjectifs de forme complexe :	
• s'ils sont formés de deux adjectifs, ceux-ci reçoivent le genre et le nombre du nom ou du pronom donneur d'accord ;	*des cerises* **aigres-douces**
• si le premier élément de l'adjectif se termine par **–o**, **–a** ou **–i**, cet élément est invariable ;	*des scènes* **tragi**-*comiques*
• si le premier élément de l'adjectif appartient à une classe de mots invariables, cet élément est invariable ;	*des régions* **sous**-*développées*
Note : Si l'adjectif complexe s'écrit en un seul mot, seul le dernier élément prend un **s** au pluriel.	*des régions* **sur***développée***s**
• si le premier adjectif est employé adverbialement, cet adjectif est invariable.	*des filles* **court**-*vêtues* *des garçons* **nouveau**-*nés*
4 L'accord des adjectifs de couleur :	
• les adjectifs de couleur de forme simple reçoivent le genre et le nombre de leur donneur d'accord ;	*des jupes* **blanches**
• les adjectifs de couleur provenant d'un nom sont invariables, sauf *écarlate*, *fauve*, *mauve*, *pourpre* et *rose* ;	*des gants* **marron** *des rubans* **pourpres**
• les adjectifs de couleur de forme complexe sont invariables.	*des aiguilles* **vert sombre** *des gants* **vert clair**

(suite)

5 Les participes passés employés comme des adjectifs tels que **approuvé, attendu, étant donné, vu, excepté, ci-inclus, ci-joint, non compris, passé** et **supposé :**	
• sont invariables quand ils sont placés en tête de phrase ou devant leur donneur d'accord;	*ci-joint les copies demandées*
• reçoivent le genre et le nombre de leur donneur d'accord quand ils sont placés après lui.	*les copies ci-jointes*
6 Certains mots généralement employés comme des adjectifs s'emploient aussi comme des adverbes. Dans ce cas, ils sont invariables.	*Ils chantent fort.* *Ces vêtements valent cher.*
Note : Les adjectifs **frais, grand** et **large**, quoique employés comme adverbes, reçoivent le genre et le nombre du nom ou du pronom donneur d'accord.	*des fenêtres grandes ouvertes*

⬚ 7 LES PARTICULARITÉS DE CERTAINS MOTS

EXERCICE
19

7.1 Des déterminants

7.1.1 Le déterminant numéral

1 Le déterminant numéral est invariable, sauf *un*, ainsi que *vingt* et *cent* dans certains cas (voir le point 3 ci-dessous).	*les quatre jours* *une semaine*
Note : Il ne faut pas confondre le numéral avec l'ordinal qui, lui, s'accorde en genre et en nombre avec son donneur d'accord.	*la quatrième journée* (ordinal)
2 Tous les déterminants numéraux composés sont reliés par des traits d'union, même avec **million, milliard**, etc.	*Deux-cent-soixante-dix-huit* *trente-et-un* *mille-deux-cent-quatre*
3 **Vingt** et **cent** prennent la marque du pluriel quand ils sont multipliés sans être suivis d'un autre déterminant numéral.	*quatre-vingts dollars* *mais quatre-vingt-deux dollars*
4 Le déterminant **mille** reste invariable.	*Ils ont fait mille bêtises.*
• Dans les dates, on peut écrire **mil** ou **mille**.	*l'an mil-neuf-cent-deux* ou *l'an mille-neuf-cent-deux*
• Quand **mille** désigne une unité de longueur, c'est un nom; il prend un **s** au pluriel.	*des milles marins*
Note : Millier, million et **milliard** sont des noms; ils prennent un **s** au pluriel.	*des milliers de personnes*
5 Les numéraux peuvent aussi être des pronoms.	*Deux sont venus à la réunion.* (*Deux* est ici le pronom noyau du sujet.)

7.1.2 Des déterminants indéfinis

1 Le déterminant indéfini reçoit généralement le genre et le nombre du nom qui est son donneur d'accord.	*Certains touristes sont déjà arrivés.*
2 Le déterminant indéfini **chaque** est toujours employé au singulier.	*Chaque projet sera examiné.*
3 Les déterminants indéfinis négatifs **aucun** (**aucune**) et **nul** (**nulle**) sont toujours employés au singulier, sauf quand le nom qu'ils introduisent n'a pas de singulier. **Aucun** et **nul** s'emploient avec **ne** dans une phrase de forme négative.	*aucun participant* *aucuns frais* (mot toujours au pluriel) *Aucune athlète n'est venue.*
4 Le déterminant **plusieurs** est toujours employé au pluriel.	*plusieurs livres*

EXERCICE 20

7.2 Les mots appartenant à plus d'une classe grammaticale

Généralement, un mot appartient à une seule classe. Certains peuvent, cependant, se retrouver dans plus d'une classe. C'est le cas, notamment, des mots *tout*, *même* et *tel*.

Les mots appartenant à plus d'une classe grammaticale	
1 Tout	
• Il est déterminant (de forme simple ou de forme complexe avec le déterminant défini) quand il introduit un nom.	*Toute fillette aime les bonbons.* *Tout chat voit la nuit.* *tous les hommes* *toutes les femmes*
• Il peut être pronom.	*Tout lui convient.*
• Il est adverbe lorsqu'il est modificateur d'un adjectif ou d'un autre adverbe; il a alors le sens de « tout à fait, entièrement ».	*Ils sont tout ébahis.*
• **Tout**, adverbe, est invariable, sauf lorsqu'il est modificateur d'un adjectif féminin commençant par une consonne ou un *h* aspiré.	*tout entière* *tout seuls* *toutes belles* *toutes hautaines*
• **Tout** devant **autre** est déterminant, donc variable, quand il a le sens de « n'importe quel ».	*Elle aimerait vivre toute autre situation.*
• **Tout** devant **autre** est adverbe, donc invariable, s'il a le sens de « entièrement ».	*Sa façon d'agir est tout autre.*
• **Tout** est un nom masculin s'il est introduit par un déterminant.	*Emportez le tout.*
2 Même	
• Il est adjectif quand, placé avant le nom qu'il complète, il a le sens de « pareil, semblable » ou, placé après le nom ou le pronom qu'il complète, il exprime l'insistance.	*Nous avons les mêmes projets.* *les idées mêmes* *eux-mêmes*

Mémento grammatical

2 (*suite*)

• Il est adverbe quand il est modificateur d'un verbe, d'un adjectif ou d'un autre adverbe, ou quand il est placé devant un nom précédé d'un déterminant; il a une valeur d'insistance ou de gradation, et a souvent le sens de «aussi, jusqu'à, y compris».	***Même*** *fatigués, ils travaillent.* ***Même*** *les nuits étaient très chaudes.*
• Quand il est précédé d'un déterminant, il peut, avec ce déterminant, former un pronom indéfini.	*Ce sont toujours **les mêmes** qui travaillent.*

3 Tel

• Il est déterminant quand il introduit un nom; il reçoit le genre et le nombre de ce nom.	***Telle*** *chanson me ravit.*
• Il est pronom quand il désigne une personne (parfois une chose); il a alors le sens de «quelqu'un» ou de «quelque chose».	***Tel*** *vous flatte aujourd'hui.*
• Il peut être adjectif.	***Telle*** *est ma décision.*
• L'adjectif de forme complexe **tel quel** reçoit le genre et le nombre du nom ou du pronom qu'il complète ou dont il est l'attribut.	*Je laisserai ma chambre* ***telle quelle***.
• Dans **tel que**, l'adjectif **tel** s'accorde avec le nom ou le pronom qui le précède.	*Elles sont **telles que** je les ai toujours connues.*

8 LES PARTICIPES

EXERCICES 21 à 24

8.1 Le participe passé

1 Le participe passé employé sans auxiliaire de conjugaison est considéré comme un adjectif.	*À ces quatre intersections **rapprochées**, la foule, matin et soir, piétinait et des rangs **pressés** d'automobiles y ronronnaient.*
Le participe passé attribut du sujet s'accorde en genre et en nombre avec son donneur d'accord, c'est-à-dire le nom ou le pronom noyau du sujet.	*Elles sont **surprises** du résultat.* *Elles paraissent **surprises** du résultat.*
2 Le participe passé employé avec l'auxiliaire de conjugaison **être** s'accorde en genre et en nombre avec le nom ou le pronom noyau du sujet.	SUJET *Nous sommes **venus** de loin hier soir pour vous chercher.*
3 Le participe passé employé avec l'auxiliaire de conjugaison **avoir**:	
• s'accorde en genre et en nombre avec le nom ou le pronom noyau du complément direct placé avant le verbe;	*– Hélas! fait-elle, que vais-je faire? Mon père m'a bien **sacrifiée** en me donnant* CD *à ce paysan.*
• est invariable si le verbe n'a pas de complément direct ou si le complément direct est placé après le verbe.	*Ils lui ont bien **essuyé** les jambes.* CD *Il a **mangé** de bon cœur, sans s'inquiéter de l'assaisonnement.* (pas de CD)
4 Le participe passé employé avec l'auxiliaire de conjugaison **avoir** et suivi d'un verbe à l'infinitif:	
• s'accorde avec le complément direct placé avant lui si celui-ci fait l'action exprimée par le verbe à l'infinitif;	*Les enfants que j'ai **vus** tomber apprenaient à marcher.* ***que*** *est complément direct placé avant **vus** et fait l'action exprimée par **tomber**.*

4	(suite)	
	• est invariable si le complément direct placé avant lui est le complément direct du verbe à l'infinitif.	*Cette histoire que j'ai **entendu** raconter est invraisemblable.* ***que** est le complément direct de **raconter**.*
5	Le participe passé des verbes **devoir**, **faire**, **pouvoir**, **vouloir**, etc., suivi d'un infinitif, est invariable.	*La somme qu'il a **dû** payer est très élevée.*
6	Le participe passé d'un verbe pronominal ayant un complément direct s'accorde en genre et en nombre avec le nom ou le pronom noyau de ce complément direct s'il est placé avant le verbe.	*La maison **qu**'il s'est **achetée** est vieille de cent ans.* *Il s'est acheté quelque chose; **qu'** renvoie au nom **maison**, féminin singulier; **qu'** est CD.*
7	L'accord du participe passé des verbes pronominaux:	
	• le participe passé d'un verbe pronominal qui n'a pas de complément direct s'accorde en genre et en nombre avec le nom ou le pronom noyau du sujet;	***Ils** se sont <u>enfuis</u> de prison.* *(**Ils** → pronom sujet, masculin pluriel; **de prison** → CI de **se sont enfuis**)*
	• le participe passé reste invariable si le pronom compris dans le verbe pronominal est l'équivalent de **à quelque chose** ou **à quelqu'un**.	*Elles se sont <u>téléphoné</u>.* *(téléphoner **à quelqu'un** → invariable)*
8	Le participe passé est invariable si le complément direct est le pronom **en**.	*J'ai cueilli des fraises et je lui **en** ai **donné**.* *Je lui ai donné de cela; **en** → invariable.*
9	Le participe passé des verbes impersonnels est invariable.	*Les deux jours qu'il a **plu** nous ont retenus à l'hôtel.*

8.2 Le participe présent

1	Le participe présent qui peut avoir un sujet ou un complément est invariable.	***Criant** à tue-tête, il se mit à courir.*
2	Si le participe présent est employé comme un adjectif, il est considéré comme tel et il s'accorde en genre et en nombre avec son donneur d'accord (le nom ou le pronom qu'il complète ou dont il est l'attribut).	*Cet avocat présente des arguments **convaincants**. (adjectif)*
	Cet adjectif peut avoir une orthographe différente de celle du participe présent dont il est issu.	*En **convainquant** (participe présent) le juge, il gagnera son procès.*

EXERCICES 25 à 29 ::: **9 LE VERBE**

9.1 Le repérage du verbe

1	Pour repérer le verbe, on peut l'encadrer de **ne... pas**.	*Jonathan étudie beaucoup.* *Jonathan **n'**étudie **pas** beaucoup.*
	On peut aussi le changer de temps.	*Jonathan étudi**ait** beaucoup.*

9.2 L'accord du verbe avec le sujet

1 Le verbe s'accorde en personne et en nombre avec le noyau du sujet. Il est receveur d'accord.	Les **abeilles** bourdonnent. (abeilles → 3e personne du pluriel)
2 Avec les verbes impersonnels, c'est le pronom *il* qui est sujet. Le verbe impersonnel est souvent suivi d'un complément.	**Il** court des rumeurs menaçantes. **des rumeurs menaçantes** est complément du verbe impersonnel **court**.
3 Si plusieurs sujets sont repris par un mot ayant un sens collectif, le verbe s'accorde avec ce mot collectif.	Son porte-monnaie, ses clés, son rouge à lèvres, **tout** s'est répandu par terre.
4 Si le sujet est un pronom relatif, le verbe s'accorde avec l'antécédent de ce pronom relatif.	Le roi appela deux valets **qui** prirent deux gourdins. **qui** renvoie à **deux valets**.
5 Si le sujet est un GN construit avec un déterminant de forme complexe comme *la plupart de, le plus grand nombre de, quantité de, combien de, peu de, trop de*, le verbe s'accorde avec le nom noyau de ce sujet (comme dans la règle générale).	**La plupart de** ces revues sont distribuées en Europe.
6 Avec *plus d'un*, le verbe reste au singulier.	Les étudiants sont mécontents; **plus d'un** proteste.
7 Si plusieurs sujets sont coordonnés par *ou* ou par *ni*, le verbe se met au pluriel, sauf si l'un des sujets exclut l'autre.	**Ni** ton père **ni** ta mère n'accepteront ce mauvais comportement. Ton père **ou** ton frère sera nommé le tuteur de cet enfant.

9.3 Les sortes et les formes de verbes

1 Parmi les verbes attributifs, on peut distinguer: **être, sembler, paraitre, demeurer, rester, devenir, avoir l'air, passer pour, se faire, se rendre**, etc.	Le marquis <u>resta</u> debout, immobile. Ses provisions <u>sont épuisées</u>.
2 Parmi les verbes non attributifs (verbes d'action), on peut distinguer:	
• les verbes transitifs directs et indirects, qui ont un complément direct ou indirect;	Elle <u>prit</u> **le talisman**. CD Il <u>pardonne</u> **à ses amis**. CI
• les verbes intransitifs, qui n'ont pas de complément direct ni indirect;	Le jeune homme <u>tomba</u> brusquement.
• les verbes impersonnels, des verbes qui ne se conjuguent qu'à la troisième personne du singulier avec le pronom *il*;	**Il** <u>pleut</u>. **Il** <u>neige</u>.
• les verbes pronominaux précédés d'un pronom personnel qui représente la même personne que le sujet.	**Je** me <u>contente</u> de ce résultat.
3 La forme simple est constituée du radical du verbe et de la terminaison. Le radical exprime le sens du verbe, alors que la terminaison donne la personne, le nombre, le temps et le mode du verbe.	Je te <u>maud</u>(is) si tu ne m'<u>ouvr</u>(es) pas.

4 La forme composée est constituée des auxiliaires de conjugaison **avoir** ou **être**, suivis du participe passé du verbe.	*François Paradis a repris le bon chemin, mais ses provisions sont tombées pendant son trajet.*
Elle peut aussi être constituée d'un auxiliaire d'aspect ou de modalité suivi d'un verbe à l'infinitif.	
• L'auxiliaire d'aspect indique le stade de réalisation de l'action exprimée par le verbe.	*Il finit de ranger ses affaires.* *Il vient de dormir.* *Il va dormir.*
• L'auxiliaire de modalité est **devoir**, **pouvoir**, **falloir**, **vouloir**, **sembler**, **paraitre**.	*Il doit corriger ce travail rapidement.* *Elle semble vouloir le contraire.*
5 Dans la phrase de forme passive, le groupe verbal est formé du verbe **être** suivi du participe passé du verbe de la phrase active correspondante. Le verbe **être** est au même mode et au même temps que le verbe de la phrase active correspondante.	*Elle a été réveillée par la sonnerie du téléphone.* Phrase active correspondante: *La sonnerie du téléphone l'a réveillée.*
6 D'après leur terminaison à l'infinitif, on distingue:	
• les verbes en –**er**;	*travailler, manger, lancer,* etc.
• les verbes en –**ir** avec le participe présent –**issant**;	*finir (finissant), bondir (bondissant), nourrir (nourrissant),* etc.
• les verbes en –**ir** avec le participe présent –**ant**, les verbes en –**oir** et les verbes en –**re**. Ces verbes sont pour la plupart irréguliers.	*mourir (mourant), courir (courant), devoir, savoir, mettre, battre, rendre,* etc.

9.4 Les modèles de conjugaison et leurs terminaisons

L'indicatif ou le mode du réel

Terminaisons des temps simples des verbes en –**er**

Présent	Imparfait	Passé simple	Futur simple	Conditionnel présent
–e, –es, –e, –ons, –ez, –ent	–ais, –ais, –ait –ions, –iez, –aient	–ai, –as, –a, –âmes, –âtes, –èrent	–erai, –eras, –era, –erons, –erez, –eront	–erais, –erais, –erait, –erions, –eriez, –eraient

Terminaisons des temps simples des verbes en –**ir**, participe présent –**issant**

Présent	Imparfait	Passé simple	Futur simple	Conditionnel présent
–is, –is, –it, –issons, –issez, –issent	–issais, –issais, –issait, –issions, –issiez, –issaient	–is, –is, –it, –îmes, –îtes, –irent	–irai, –iras, –ira, –irons, –irez, –iront	–irais, –irais, –irait, –irions, –iriez, –iraient

Terminaisons des temps simples des verbes en –**ir**, –**oir**, –**re**

Présent	Imparfait	Passé simple	Futur simple	Conditionnel présent
–s/–x, –s/–x, –d/–t, –ons, –ez, –ent	–ais, –ais, –ait, –ions, –iez, –aient	–is/–us, –is/–us, –it/–ut, –îmes/ –ûmes, –ites/–ûtes, –irent/–urent	–rai, –ras, –ra, –rons, –rez, –ront	–rais, –rais, –rait, –rions, –riez, –raient

Mémento grammatical

Le subjonctif ou le mode de l'irréel, du doute ou de la volonté

Terminaisons des verbes en –er		Terminaisons des verbes en –ir, participe présent –issant		Terminaisons des verbes en –ir, –oir, –re	
Présent	**Imparfait**	**Présent**	**Imparfait**	**Présent**	**Imparfait**
–e	–asse	–isse	–isse	–e	–isse/–usse
–es	–asses	–isses	–isses	–es	–isses/–usses
–e	–ât	–isse	–ît	–e	–ît/–ût
–ions	–assions	–issions	–issions	–ions	–issions/–ussions
–iez	–assiez	–issiez	–issiez	–iez	–issiez/–ussiez
–ent	–assent	–issent	–issent	–ent	–issent/–ussent

L'impératif ou le mode de l'ordre ou de la défense

Terminaisons des verbes en –er	Terminaisons des verbes en –ir, participe présent –issant	Terminaisons des verbes en –ir, –oir, –re
Présent	**Présent**	**Présent**
–e, –ons, –ez	–is, –issons, –issez	–s/–e, –ons, –ez

Le participe

Terminaisons des verbes en –er		Terminaisons des verbes en –ir, participe présent –issant		Terminaisons des verbes en –ir, –oir, –re	
Présent	**Passé**	**Présent**	**Passé**	**Présent**	**Passé**
–ant	–é	–issant	–i	–ant	–i (–is, –it)/ –u (–us)/–t/–s

9.5 Les particularités orthographiques des verbes

9.5.1 Les particularités des verbes en –er

1	Les verbes en –**cer** prennent une cédille sous le **c** devant **a**, **o** et **u**.	*il avança, nous avançons, tu as reçu*
2	Les verbes en –**ger** prennent un **e** après le **g** devant **a** et **o**.	*il mangeait, nous mangeons*
3	Les verbes en –**guer** gardent le **u** dans toute la conjugaison.	*je navigue, nous naviguons je naviguai, nous naviguions*
4	Les verbes en –**yer** changent l'**y** en **i** devant un **e** muet.	*je nettoie, j'essuie*
	Les verbes en –**ayer** peuvent conserver l'**y** devant un **e** muet.	*je balaie* ou *je balaye*
	Les verbes en –**eyer** conservent toujours l'**y**.	*je grasseye*
5	Les verbes en –**eler** et en –**eter** s'écrivent avec un accent grave et une consonne simple devant une syllabe contenant un **e** muet.	*il ruissèle il cliquète*
	Cependant, les verbes **appeler** et ses composés (**rappeler**, **s'entrappeler**), **interpeler**, **jeter** et ses composés (**rejeter**, **interjeter**, **projeter**, etc.) conservent leur conjugaison traditionnelle en doublant la consonne devant un **e** muet, car ils sont bien implantés dans l'usage.	*elle appelle elle appellera elle interpelle elle jette*

5 (suite)	
Les verbes en **–eller** et les verbes **–etter** qui ont déjà une double consonne à l'infinitif ne sont pas touchés par cette règle.	quereller → *je me querelle* s'endetter → *je m'endette*
6 Les verbes dont l'avant-dernière syllabe contient un *e* muet changent ce *e* muet en *è* (« e » ouvert) devant une syllabe muette, finale ou non finale.	semer → *je sème, je sèmerai*
Les verbes dont l'avant-dernière syllabe contient un *é* (« e » fermé) changent ce *é* en *è* (« e » ouvert) devant une syllabe muette finale.	espérer → *j'espère*
Au futur simple et au conditionnel présent, les verbes du type **céder** prennent un accent grave.	régler → *il règle, il règlera, il règlerait* sécher → *il sèche, il sèchera, il sècherait* libérer → *il libère, il libèrera, il libèrerait*

9.5.2 Les particularités de certains verbes en –ir

1 Le verbe **haïr** perd le tréma aux trois personnes du singulier du présent de l'indicatif et à la deuxième personne du singulier du présent de l'impératif.	*je hais* *hais* mais *nous haïssons*
2 Les verbes **mentir, partir, sentir, sortir** et **se repentir** perdent le *t* à la première et à la deuxième personne du singulier du présent de l'indicatif et à la deuxième personne du singulier du présent de l'impératif.	*je pars* *tu sors*
3 Les verbes **acquérir, courir** et **mourir** prennent deux *r* au futur simple et au conditionnel présent.	*il courra* *nous mourrons*

9.5.3 Les particularités de certains verbes en –oir

1 Les verbes **voir** et **pouvoir** prennent deux *r* au futur simple et au conditionnel présent.	*je verrai* *nous pourrions*
2 Les verbes **pouvoir, vouloir** et **valoir** prennent un *x* à la première et à la deuxième personne du singulier du présent de l'indicatif.	*je veux* *tu peux*
3 Le verbe **devoir** prend un accent circonflexe sur le *u* au participe passé du masculin singulier.	*dû*

9.5.4 Les particularités de certains verbes en –re

1 Les verbes en **–dre** gardent le *d* aux trois premières personnes du singulier du présent de l'indicatif et à la deuxième personne du singulier du présent de l'impératif.	*je prends* *il prend* *prends*
Toutefois, les verbes en **–indre** et en **–soudre** perdent le *d* aux trois personnes du singulier du présent de l'indicatif et à la deuxième personne du singulier du présent de l'impératif.	*je peins* *il résout* *crains*

(suite)

2 Les verbes en **–tre** perdent un **t** aux trois personnes du singulier du présent de l'indicatif et à la deuxième personne du singulier du présent de l'impératif.	*battre* → *je bats* *mettre* → *il met* *mets*
Les verbes en **–tre** avec un seul **t** le conservent à la troisième personne du singulier du présent de l'indicatif.	*apparaître* (ou *apparaitre*) → *il apparaît* (ou *apparait*)
3 L'accent circonflexe des graphies traditionnelles des verbes en **–itre** disparait sur la lettre **i**.	*paraître* (ou *paraitre*) → *il parait*
Toutefois, le verbe **croître** garde l'accent circonflexe chaque fois qu'on peut le confondre avec le verbe **croire**.	*croire* → *je crois* *croître* (ou *croitre*) → *je croîs*
4 Les verbes **dire** et **redire** se terminent en **–tes** à la deuxième personne du pluriel du présent de l'indicatif et de l'impératif. Mais on dira: **vous contredisez**, **interdisez**, **prédisez**, **médisez**.	*vous di**tes*** *vous redi**tes***
5 Les verbes **vaincre** et **convaincre**:	
• ne prennent pas le **t** final à la troisième personne du singulier du présent de l'indicatif;	*il vain**c***
• changent le **c** en **qu** devant une voyelle (sauf devant le **u**).	*vous vain**qu**iez*

9.6 L'emploi de l'indicatif et du subjonctif

1 Après les verbes d'opinion (**savoir**, **penser**, **affirmer**, **croire**, **dire**, **annoncer**, etc.), on emploie l'**indicatif**.	*Je sais qu'il **voyagera** bientôt.*
2 Après les verbes de sentiment, de doute et de volonté (**vouloir**, **exiger**, **ordonner**, **souhaiter**, **désirer**, **s'étonner**, **craindre**, **falloir**, etc.), on emploie le **subjonctif**.	*Il veut que tu **partes**.*
3 Dans une phrase syntaxique employée seule, le **subjonctif** exprime l'ordre, le souhait, la supposition, l'indignation, etc.	*Pourvu qu'il **fasse** beau demain!* *Qu'il le **dise**, son secret!*
4 Dans une subordonnée CP (de but, d'opposition, etc.), on emploie le **subjonctif** pour exprimer un **souhait** ou une **intention**.	*Le directeur de l'Émérillon s'est arrangé pour qu'elle **soit** bien au centre du rayon, sous une poudrerie fine.*
Note: Généralement, dans les subordonnées CP qui expriment la **cause** et la **conséquence**, on emploie l'**indicatif**.	*Maria ne les vit même pas, parce que les larmes **avaient commencé** à monter en elle.*
5 Dans une subordonnée circonstancielle de temps introduite par **avant que**, **en attendant que** ou **jusqu'à ce que**, on emploie le **subjonctif**.	*Rodrigue Eymard me reprocha de partir trop tôt, avant que nous **ayons pu** faire vraiment connaissance.*
Avec les autres conjonctions, on utilise l'**indicatif**.	*Elles sont parties après que les mets **ont été servis**.*

(suite)

6 S'il s'agit d'un fait **incertain** ou **envisagé**, on emploie le **subjonctif** après une phrase syntaxique négative ou interrogative.	*Je ne pense pas qu'il **puisse** venir.* *Pensez-vous qu'il **puisse** réussir?*
S'il s'agit d'un fait **certain** ou **réel**, on emploie l'**indicatif**.	*Pensez-vous qu'il **peut** réussir?*

9.7 L'emploi des lettres euphoniques

1 Le ***t** euphonique* est employé avec les formes verbales qui se terminent par –**e** ou –**a** lorsqu'elles sont suivies des pronoms **il**, **elle** ou **on**.	*prendra-**t**-il* *joue-**t**-elle* *l'appelle-**t**-on*
2 Le ***s** euphonique* est ajouté au verbe *aller* sous la forme conjuguée ***va*** et aux verbes conjugués qui se terminent par –**e** devant les pronoms **en** et **y**.	*vas-y* *offre**s**-en* *profite**s**-en*

EXERCICES
30 à 32

10 LES HOMOPHONES

Les homophones sont des mots qui se prononcent de la même façon, mais qui s'écrivent différemment et ont des sens différents.

Les homophones : confusions grammaticales à éviter	
1 a – à	
• **a** (verbe «avoir») = *avait*	*Elle **a** un geste de recul.* → *Elle **avait** un geste de recul.*
• **à** (préposition) ≠ *avait*	*Il ne voit plus **à** deux pas devant lui.*
2 ça – sa	
• **ça** = *cela*	***Ça** n'arrive jamais.* → ***Cela** n'arrive jamais.*
• **sa** (déterminant) = *ma, ta*	*Cette femme aime **sa** fille.*
3 ce – se	
• **ce** (déterminant démonstratif) précède le nom et fait partie du GN; • **ce** = *ce* + nom + *-là*	*Une porte s'ouvrit dans **ce** mur.* → *Une porte s'ouvrit dans **ce** mur-**là**.*
• **ce** (démonstratif) = *cela* • **ce** s'écrit **c'** devant une voyelle.	***Ce** sera fait demain.* → ***Cela** sera fait demain.* ***C'**était à l'époque où tu vivais à Londres.*
• **se** (pronom personnel réfléchi) précède le verbe pronominal; • **se** = *me, te*	*Il **se** couche tôt.* → *Tu **te** couches tôt.* (se coucher)
• **se** s'écrit **s'** devant une voyelle ou un *h* muet.	*Elle **s'**habille.*
4 ces – ses – c'est – s'est	
• **ces** (déterminant démonstratif) • **ces** = *ces* + nom + *-là*	*J'écris **ces** notes pour ma famille.* → *J'écris **ces** notes-**là**.*

LES HOMOPHONES • **165**

Mémento grammatical

4 ces – ses – c'est – s'est (suite)

• **ses** (déterminant possessif) = *mes, tes* • **ses** + nom = *les siens, les siennes*	***Ses*** *fils l'accueillent.* → ***Tes*** *fils l'accueillent.* ***Les siens*** *l'accueillent.*
• **c'est** (pronom sujet + verbe «être») = *cela est*	***C'est*** *le temps ou jamais!*
• **s'est** (pronom complément + verbe «être») = (*à*) *lui-même,* (*à*) *elle-même*	*Elle* ***s'est*** *rendue chez sa mère.*

5 dans – d'en

• **dans** (préposition) exprime le lieu ou le temps.	*La basse ville cuit* ***dans*** *ses pierres nouvellement ravalées.*
• **d'en** est formé de la préposition **de** et de **en** pronom ou préposition.	*Il me revient trop cher* ***d'en*** *user.* ***D'en*** *haut, c'était une surface colorée.*

6 davantage – d'avantages

• **davantage** (adverbe) signifie «plus».	*Et, sans demeurer* ***davantage****, il s'enfuit.*
• **d'avantages** est formé de la préposition **d'** (**de**) et du nom **avantages** qui signifie «profits, intérêts».	*Nous avons peu* ***d'avantages*** *à recruter ce candidat.*

7 est (es) – ait (aie – aies – aient)

• **est** (verbe «être») = *était*	*Ceci* ***est*** *un talisman.* → *Ceci* ***était*** *un talisman.*
• **ait** (verbe «avoir») = *ayons*	*Je souhaite qu'il* ***ait*** *du plaisir.* ***Aie*** *du plaisir!*

8 la – l'a – là

• **la** (déterminant) est placé devant le nom.	***La*** *chose était sans importance.*
• **la** (pronom) est placé devant le verbe.	*Nous commencerons à* ***la*** *dérouler.*
• **l'a** est formé du pronom **le** ou **la** et du verbe «avoir» = *l'avait.*	*Elle se heurte au serveur qui ne* ***l'a*** *pas vue.* → *Elle se heurte au serveur qui ne* ***l'avait*** *pas vue.*
• **là** est un adverbe qui indique le lieu ou le temps.	*Ils ont vite allumé un feu* ***là*** *où le roi l'avait commandé.*

9 leur(s) – leur

• **leur(s)** (déterminant) est placé devant un nom.	*Des hirondelles faisaient* ***leur*** *nid dans la grange.* *Elles pondaient* ***leurs*** *œufs.*
• **leur** est le pluriel du pronom **lui**. Il précède le verbe et ne prend aucune autre marque du pluriel.	*Ils écrivent des vers ou ce qui* ***leur*** *passe par la tête.*

10 ni – n'y

• **ni** est une conjonction de coordination indiquant que les éléments additionnés sont négatifs.	*Je n'ai plus repos* ***ni*** *loisir.*
• **n'y** est formé de l'adverbe de négation **ne** et du pronom ou de l'adverbe de lieu **y**.	*Il rangea le médicament dans un tiroir et* ***n'y*** *pensa plus.* *Il* ***n'y*** *est pas.*

(suite)

11 ont – on

• **ont** (verbe «avoir») = *avaient*	*Ils les **ont** vues.* → *Ils les **avaient** vues.*
• **on** (pronom indéfini) = *il*	***On** fait du feu.* → ***Il** fait du feu.*
Note: on n' à la forme négative est généralement suivi de **pas**, **point**, **guère**, **jamais**, etc.	*Le métro était si bondé qu'**on n'**avait **pas** fait quatre lieues.*
À ne pas confondre avec la liaison entre **on** et les verbes commençant par une voyelle.	*On a envie d'en parler.* *On avoue difficilement ses erreurs.*

12 où – ou

• **où** (pronom relatif ou adverbe) indique le lieu ou le temps.	*Il voit fumer la cuisine **où** le feu était allumé.* *Je travaillerai **où** tu voudras.*
• **ou** (conjonction de coordination) = *ou bien*	*Il lui fallait trouver quelque chose à faire **ou** à dire.*

13 peut-être – peut être

• **peut-être** (adverbe) marque le doute = *probablement*.	*C'est **peut-être** vrai, dit le vilain.*
• **peut être** est formé de l'auxiliaire de modalité du verbe **pouvoir**, suivi du verbe **être** = *pourrait être*.	*L'isolement **peut être** déprimant.*

14 plus tôt – plutôt

• **plus tôt** est formé de deux adverbes = *plus tard*.	*Il est arrivé **plus tôt** que prévu.* → *Il est arrivé **plus tard** que prévu.*
• **plutôt** est un adverbe qui signifie «de préférence».	*Moi, ton ami! **Plutôt** ton pire ennemi!*

15 prêt – près

• **prêt** est:	
– soit un nom qui exprime l'action de prêter quelque chose;	*Il lui a fait un **prêt** à court terme.*
– soit un adjectif (*en état de*); pour le reconnaitre, on le met au féminin.	*Un bouton de pivoine est **prêt** à fleurir.* → *La fleur est **prête** à fleurir.*
• **près** est un adverbe de lieu qui signifie «à une petite distance».	*L'enfant s'installe tout **près**.*
• **près de** est une préposition = *à côté de*.	*L'enfant s'installe **près de** la fenêtre.* → *L'enfant s'installe **à côté de** la fenêtre.*

16 quand – quant – qu'en

• **quand** est une conjonction de subordination qui indique le temps = *lorsque*.	***Quand** vous sortirez de cette cour, suivez le ruisseau.* → ***Lorsque** vous sortirez de cette cour, suivez le ruisseau.*
• **quant** (**à**, **au**, **aux**) est une locution prépositive qui signifie «pour ce qui est de».	***Quant au** progrès, il fut à une certaine époque une vraie calamité.*
• **qu'en** peut être décomposé en la conjonction **que** et la préposition ou le pronom **en**.	*C'est ainsi **qu'en** Australie, on aime le surf.* *Eh bien! **qu'en** dis-tu?*

Mémento grammatical

(*suite*)

17 qu'elle(s) – quel (quelle / quels / quelles)	
• **qu'elle(s)** (*que* + le pronom *elle*)	*Il semble **qu'elles** soient bien fatiguées.*
• **quel(s)** ou **quelle(s)** (déterminant interrogatif ou exclamatif)	***Quelles** sont les prévisions météorologiques ?* ***Quelle** question !*

18 quelque – quel que	
• **quelque** (déterminant) = *plusieurs* ou *un certain* – introduit alors le nom et est remplaçable par un autre déterminant (**ce**, **cette**, **un**, **une**, **ces**, **des**, etc.);	*Elle a cueilli **quelques** roses.* *Elle montre **quelque** penchant pour le théâtre.*
• **quelque** (adverbe) modifie un adjectif, un déterminant numéral ou un adverbe; il a alors le sens de «si» ou de «environ».	***Quelque** courageux qu'ils soient, ils ne pourront pas gagner.* *Il a parcouru **quelque** cent mètres.*
• **quel que** s'écrit en deux mots devant le verbe **être** au subjonctif; **quel** s'accorde alors en genre et en nombre avec le nom ou le pronom noyau du sujet.	***Quelles que** soient ses opinions, elle sera élue.*

19 qui – qu'y – qu'il – qui l'	
• **qui** (pronom relatif)	*La dame, **qui** était fort friande, s'en régala.*
• **qui** (pronom interrogatif)	***Qui** frappe à la porte ?*
• **qu'y** est formé de **que** et de l'adverbe de lieu **y**.	***Qu'y** vois-tu ? (Que vois-tu là ?)*
• **qu'il** est formé de **que** et du pronom personnel **il**, qu'on peut remplacer par **elle**.	*Si quelqu'un a perdu quelque chose, **qu'il** s'adresse ici.* → ***qu'elle** s'adresse ici.*
• **qui l'** est formé de **qui** et du pronom personnel complément **l'**.	*Le train **qui l'**emmène est rapide.*

20 quoique – quoi que	
• **quoique** (conjonction de subordination) exprime la concession et signifie «bien que».	*Le vilain, **quoique** riche, ne possède pas le statut de chevalier.*
• **quoi que** (locution) signifie «quelle que soit la chose que».	***Quoi qu'**il arrive, appelez-nous.*

21 sans – s'en	
• **sans** (préposition) exprime l'absence ou le manque.	*Et, **sans** demeurer davantage, il s'enfuit à grande allure.*
• **s'en** précède un verbe; il peut être décomposé en **s'** (**se**) et **de cela**, **de là**.	*Le prisonnier **s'en** échappa le soir même.*

22 si – s'y	
• **si** (adverbe) exprime l'affirmation.	*Le livre n'est pas à sa place.* *– **Si**, il y est.*
• **si** (adverbe) exprime l'intensité = *tellement, très*.	*Il lui semble **si** bon qu'elle s'en lèche les doigts.*

22 si – s'y (*suite*)

• **si** (conjonction de subordination) introduit une interrogative indirecte ou une subordonnée circonstancielle de condition.	*Zoé se demandait **si** elle allait sortir.* ***Si** on suit les règles, le jeu est plus amusant.*
• **s'y** est formé du pronom **se** et de l'adverbe ou du pronom **y**.	*Il **s'y** arrêta pour faire ses courses.*

23 sont – son

• **sont** (verbe « être ») = *étaient*	*Mes amis **sont** venus. →* *Mes amis **étaient** venus.*
• **son** (déterminant) précède le nom et indique la possession.	*Le vilain quitta **son** habit.*

Mémento grammatical

::: EXERCICES DE GRAMMAIRE

❶ Indiquez le nombre de phrases graphiques et de phrases syntaxiques contenues dans chacun des passages suivants.

a) Mon mari est là dehors, qui aiguise son grand couteau.

phrases graphiques _____   phrases syntaxiques _____

b) Vous n'aurez pas besoin d'aller bien loin car mon mari, je peux vous l'assurer, est un bon médecin. Il connait plus de remèdes que n'en connut jamais Hippocrate et il sait encore mieux établir un diagnostic en examinant les urines.

phrases graphiques _____   phrases syntaxiques _____

c) Il se coucha contre les paniers, en ouvrit un avec les dents et voilà qu'il en a tiré, sachez-le bien, trente harengs; le panier fut bientôt presque vide.

phrases graphiques _____   phrases syntaxiques _____

d) Renart était dans sa maison. Ses provisions étaient épuisées. La faim le force à se mettre en route; tout doucement, qu'on ne le voie, il s'avance dans les joncs entre le bois et la rivière.

phrases graphiques _____   phrases syntaxiques _____

❷ Pour chacune des phrases graphiques ci-dessous:

1 Soulignez les verbes conjugués;
2 Séparez les phrases syntaxiques à l'aide d'un trait;
3 Indiquez le nombre de phrases syntaxiques dans la case;
4 Encadrez les éléments qui permettent de joindre les phrases entre elles (subordonnants, coordonnants ou signes de ponctuation);
5 Identifiez les phrases: coordonnée, juxtaposée, enchâssante, subordonnée relative, subordonnée complétive ou subordonnée circonstancielle.

a) Lorsqu'elle se redressa, pâle, le visage humilié, sa mère la regardait. ☐

_____

b) Au moindre effort, elle s'essoufflait et il lui fallait aussitôt chercher un appui. ☐

_____

c) Elle attaqua l'une des deux perdrix: elle en mangea les deux ailes. ☐

_____

d) Il dit qu'il vous tranchera les oreilles, s'il peut vous attraper! ☐

_____

e) Mon mari est là dehors, qui aiguise son grand couteau. ☐

_____

f) Nous devons manger ensemble deux perdrix, que votre mari a prises ce matin. ☐

_____

g) Elle enlève le cou, le cou exquis, elle le savoure avec délices. ☐

_____

h) Il court, il s'arrête, il repart, il regarde, mais ne trouve aucun moyen de mettre le pied dans la demeure. ☐

_____

i) Ils avaient des harengs frais en quantité, car la bise avait soufflé pendant toute
la semaine. □

_____

3 **Mettez les phrases suivantes à la forme passive.**

a) Les éclairs sillonnent le ciel.

_____

b) Les nuages couvrent le ciel.

_____

c) Des plantes géantes ont entouré l'étang.

_____

d) La foudre a touché les randonneurs.

_____

e) Ses parents l'encouragent à réussir.

_____

f) Les voyageurs atteindront bientôt le port.

_____

4 **Transformez les phrases de base suivantes en type interrogatif, impératif et exclamatif, puis
à la forme négative.**

a) Marc a acheté une belle voiture décapotable.

Int. : _____

Imp. : _____

Excl. : _____

Nég. : _____

b) Kathleen regrette son voyage.

Int. : _____

Imp. : _____

Excl. : _____

Nég. : _____

5 **Transformez les phrases neutres en phrases emphatiques en isolant d'abord le sujet,
puis le complément demandé.**

a) Nathalie a déposé son livre sur la table.

Sujet : _____

CD : _____

CI : _____

b) L'architecte a mal expliqué son projet à l'entrepreneur.

Sujet : _____

CD : _____

CI : _____

6 Transformez les phrases suivantes aux formes passive et impersonnelle.

a) Le règlement de la municipalité interdit le stationnement dans cette rue.

Forme passive : _____

Forme impersonnelle : _____

b) Les sportifs expérimentés jouent une partie de hockey difficile au stade.

Forme passive : _____

Forme impersonnelle : _____

7 Ponctuez correctement les énoncés suivants. Mettez les majuscules quand c'est nécessaire.

a) Je suis au rang des mécontents car je ne fais mon profit de rien

b) Moi aussi j'ai mes rhumatismes mais personne n'en parle

c) Certes j'étais bien folle de consentir à un tel mariage ah dieu pourquoi ma mère est-elle morte

d) Maintenant Renart est dans sa tour ses fils lui font bel accueil ils lui ont bien essuyé les jambes

e) À la fin il arrive sur un chemin battu il s'assoit sur son derrière et tend le cou dans toutes les directions

f) Si frêle si sérieux le petit Daniel quels tourments avaient déjà pu le toucher

g) La prospérité de tous va croissant les industries s'éveillent et s'excitent les manufactures et les usines se multiplient les familles sont heureuses

h) Fantine apparaissant brusquement dans sa rêverie y fut comme un rayon d'une lumière inattendue

i) C'était un crime bas lâche sournois abject hideux

8 Ponctuez correctement les phrases suivantes.

a) À la rue Atwater […] les barrières des passages à niveau tombaient

b) La foule matin et soir piétinait et des rangs pressés d'automobiles y ronronnaient

c) Pour lui un séjour à Saint-Henri ne le faisait pas trop souffrir ce n'était qu'une période de préparation d'attente

d) Ici le luxe et la pauvreté se regardent inlassablement depuis qu'il y a Westmount depuis qu'en bas à ses pieds il y a Saint-Henri

Gabrielle Roy, *Bonheur d'occasion*, Boréal, 1993, p. 35-37.

❾ Ponctuez correctement les textes suivants.

a) Je balayai frottai astiquai et j'eus vite fait de nettoyer le bureau et l'atelier L'après-midi quand j'avais fini mon travail je faisais les courses lorsqu'il m'arrivait d'avoir un moment à moi j'observais les Blancs en train de polir les lentilles à la machine

Richard Wright, *Black Boy*, 1945.

b) Jean Valjean était d'un caractère pensif sans être triste ce qui est le propre des natures affectueuses somme toute pourtant c'était quelque chose d'assez endormi et d'assez insignifiant en apparence du moins que Jean Valjean il avait perdu en très bas âge son père et sa mère sa mère était morte d'une fièvre de lait mal soignée son père émondeur comme lui s'était tué en tombant d'un arbre il n'était resté à Jean Valjean qu'une sœur plus âgée que lui veuve avec sept enfants filles et garçons

Adapté de Victor Hugo, *Les misérables*, 1862.

c) Lorsque j'eus ramené de la gare les grands-parents lorsqu'après le dîner assis devant la haute cheminée ils commencèrent à raconter par le menu détail tout ce qui leur était arrivé depuis les dernières vacances je m'aperçus bientôt que je ne les écoutais pas

Adapté d'Alain-Fournier, *Le grand Meaulnes*, 1913.

❿ Identifiez la catégorie des différents groupes de mots soulignés dans les phrases.

a) Le mérite du professeur est à peu près nul dans cette affaire. _____

b) Sans transition, il ouvre son cartable et en sort un bouquin gros comme ça. _____

c) Le ciel était clair, étoilé. _____

d) Il se couche au milieu du chemin, faisant le mort. _____

e) Le jeune homme se leva brusquement. _____

f) Animé d'une curiosité bien légitime, il se pencha
pour regarder la Peau de chagrin sous toutes ses faces. _____

g) Pour certains, travailler est une grande joie. _____

Mémento grammatical

11 Dans les phrases suivantes, repérez le sujet en l'encadrant par *C'est... qui* ou *Ce sont... qui*, puis remplacez-le par le pronom approprié pour l'identifier correctement.

a) Les pieds de Grand-mère Antoinette dominaient la chambre.

_____

b) Emmanuel écoutait la voix de sa grand-mère.

_____

c) Revenir à New York fut un choc pour Daniel.

_____

d) Une plainte vint d'en haut et une voix d'enfant appela en dialecte africain.

_____

e) Sa femme et son fils dirent qu'il avait changé.

_____

f) Il enleva le masque des mains de son fils.

_____

g) Il se leva et alla plus près.

_____

h) Une de ses voisines, dame de qualité, avait deux filles parfaitement belles.

_____

i) Sa femme hurla de terreur et recula.

_____

j) Les voisines et les bonnes amies n'attendirent pas qu'on les envoyât quérir pour aller chez la jeune mariée.

_____

k) L'homme qui avançait toujours, de l'autre côté de la rue, qui la dépassait, marchait devant elle.

_____

l) La Barbe-Bleue lui criait de descendre vite.

_____

m) Qu'il vienne me surprendrait énormément.

_____

12 Soulignez d'une ligne l'attribut et de deux lignes le mot ou le groupe de mots auquel l'attribut se rapporte.

a) La lutte entre les adversaires semble intense.

b) Le paysage devient plus vrai.

c) Elle resta, quelques instants, immobile.

d) Maria juge cet aspect redoutable.

e) J'étais de nouveau sidéré.

f) Nous choisissons l'enseignante comme arbitre.

g) Le hâle l'avait rendu presque beau.

h) Le soleil couchant semble un bouclier à l'horizon.

i) Il a été élu député de sa région.

j) Elle mourut très riche, mais seule.

k) Elle se fait vieille et radoteuse.

l) Le jury la déclare coupable sans hésitation.

m) Mathieu, nous vous nommons arbitre.

13 **Dans les phrases suivantes:**

1 Repérez le complément direct (CD) (en le remplaçant par *quelque chose* ou par q*uelqu'un*);

2 Remplacez-le ensuite par le pronom approprié et récrivez la phrase.

Exemple: Sa femme et son fils dirent qu'il avait changé.
Sa femme et son fils dirent *quelque chose* (qu'il avait changé).
Sa femme et son fils *le* dirent.

a) Elle prit la petite clef et ouvrit la porte du cabinet.

_____

_____

b) Lorsqu'elle fut seule, elle appela sa sœur.

_____

_____

c) Je vois, répondit la sœur Anne, une grosse poussière.

_____

_____

d) Par malheur, cet homme avait la barbe bleue.

_____

_____

e) Elles ne pouvaient assez admirer le nombre et la beauté des tapisseries.

_____

_____

f) Il reconnut que c'étaient les frères de sa femme.

_____

_____

g) On peut voir des poussières légères, qui voltigent dans le rayon de lumière.

_____

_____

h) On pense que les jours raccourcissent en hiver.

_____

_____

Mémento grammatical

14 **Dans les phrases suivantes :**

1 Repérez le complément indirect (CI) en le remplaçant par *à (de) quelque chose*, par *à (de) quelqu'un* ou par *quelque part* ;

2 Remplacez-le ensuite par le pronom approprié pour l'identifier correctement.

Exemple : L'enseignante parle <u>à l'étudiante</u>.

L'enseignante parle *à quelqu'un*.

L'enseignante *lui* parle.

a) Des tambours, des lances, des masques appartenaient à des tribus.

_____

_____

b) La bouche étrange souriait à Daniel.

_____

_____

c) La Barbe-Bleue, pour faire connaissance, les mena à une de ses maisons de campagne.

_____

_____

d) Elle songeait à la défense que son mari lui avait faite.

_____

_____

e) Le lendemain, la Barbe-Bleue redemanda les clefs à sa femme.

_____

_____

f) La sœur Anne monta sur le haut de la tour.

_____

_____

g) Il ne parlait pas de la blessure à ses amis.

_____

_____

h) Ta mère est retournée à la ferme.

_____

_____

i) Il a été rempli d'une étrange patience.

_____

_____

j) Elle se plaignait, à voix basse, de sa mère.

_____

_____

15 Dans les phrases suivantes :

1 Identifiez le complément de phrase (CP) en lui ajoutant *et cela se passe* et en respectant le temps du verbe de la phrase ;

2 Récrivez la phrase en déplaçant le CP.

Exemple : Louise vit un homme, <u>lorsqu'elle traversa la rue</u>.
Louise vit un homme *et cela se passa* lorsqu'elle traversa la rue.
Lorsqu'elle traversa la rue, Louise vit un homme.

a) Comme Daniel lui lançait une pièce, il sentit un frisson le parcourir.

_____

_____

b) Daniel ne quitta pas le masque des yeux quand l'homme grimpa l'escalier étroit jusqu'au deuxième.

_____

_____

c) Le jour suivant, Daniel suspendit le masque sur un mur de son bureau.

_____

_____

d) Lentement, il retira le masque de sa figure.

_____

_____

e) Sans le vouloir, elle le griffait légèrement de ses doigts repliés.

_____

_____

f) Dans les draps froids, il a été pris d'un étrange vertige.

_____

_____

16 Donnez la classe des mots soulignés qui composent les phrases et dites s'il s'agit d'une classe de mots variable ou invariable.

a) <u>Quand</u> <u>Louise</u> <u>entra</u> <u>chez</u> elle, <u>le</u> crépuscule <u>lui</u> parut <u>menaçant</u>.

_____

_____

_____

b) Elle <u>se rappelait</u> les <u>histoires</u> <u>de</u> serpents <u>qui</u> hypnotisent <u>et</u> elle <u>trouvait</u> <u>idiot</u> de penser <u>à</u> <u>ça</u>.

_____

_____

_____

c) <u>Enfin</u>, <u>je</u> me trouvai <u>devant</u> <u>cette</u> bienheureuse porte vers laquelle je dus me retenir de faire <u>deux</u> bonds.

_____

_____

_____

_____

d) <u>Son</u> imperméable de coupe <u>militaire</u>, <u>ses</u> gros souliers <u>me</u> donnèrent le soupçon qu'il était <u>peut-être</u> de <u>la</u> police.

_____

_____

_____

_____

17 Transposez les phrases suivantes au féminin. Pour cela, mettez au féminin les mots soulignés ou remplacez-les par le nom entre parenthèses. Faites tous les accords nécessaires.

a) Ses deux <u>fils</u> coururent aussi au-devant de leur <u>père</u> qui s'en venait à menus <u>sauts</u> (enjambées), gros et repu, joyeux et fier, les anguilles autour du cou.

_____

_____

b) Le <u>ciel</u> (nuit) était clair, étoilé et ce <u>vivier</u> (rivière) où Ysengrin devait pêcher était si gelé qu'on aurait pu danser dessus.

_____

_____

18 Mettez au pluriel le passage suivant.

« Il se coucha contre les paniers, en ouvrit un avec les dents et voilà qu'il en a tiré, sachez-le bien, trente harengs ; le panier fut bientôt presque vide. Il a mangé de bon cœur, sans s'inquiéter de l'assaisonnement... »

19 Écrivez en toutes lettres les cinq nombres soulignés.

a) Voici qu'à grande allure <u>99</u> _____ marchands venaient de la mer.

b) Renart se coucha contre les <u>4</u> _____ paniers, en ouvrit un avec les dents et voilà qu'il en a tiré, sachez-le bien, <u>280</u> _____ harengs !

c) Ils estiment son dos et sa gorge ; l'un déclare qu'il vaut bien <u>120</u> _____ sous.

« Dieu me sauve ! dit l'autre, il en vaut bien <u>1300</u> _____ , à bas prix. »

20 Remplacez les espaces par *tout, tous, toute* ou *toutes* et indiquez la classe de ces mots.

a) À ces mots, _____ les marchands furent ébahis.

b) La bise avait soufflé pendant _____ la semaine.

c) Il tend le cou dans _____ les directions.

d) Qui convoite le _____ perd le _____ .

e) Les chemins étaient _____ blancs de neige.

f) De _____ ses forces, il tire.

g) _____ avaient laissé auprès du trou un seau.

h) Ses fils soufflent de _____ côtés.

㉑ Mettez le passage suivant au passé composé et accordez les participes passés.

« La prospérité de tous va croissant, les industries s'éveillent et s'excitent, les manufactures et les usines se multiplient, les familles, cent familles, mille familles ! sont heureuses ; la contrée se peuple ; il naît des villages [...] ; la misère disparaît, et avec la misère disparaissent la débauche, la prostitution, le vol, le meurtre, tous les vices, tous les crimes ! »

Victor Hugo, *Les misérables,* 1862.

㉒ Accordez le participe passé dans les phrases suivantes.

a) Renart était dans sa maison. Ses provisions étaient épuiser _____ .

b) Il a bien fermer _____ sa porte derrière lui à cause des anguilles qu'il a apporter _____ .

c) À ces mots, les marchands furent merveilleusement ébahir _____ .

d) Ils avaient des harengs frais en quantité, car la bise avait souffler _____ pendant toute la semaine, et encore d'autres bons poissons de mer, grands et petits, plein leurs paniers, sans compter les lamproies et les anguilles qu'ils avaient acheter _____ en passant dans les villages.

㉓ Dans l'extrait ci-dessous, certains adjectifs et certains participes passés sont mal accordés. Corrigez-les et soulignez le nom ou le pronom avec lequel ils s'accordent.

La mère Thénardier, comme beaucoup de femmes de sa sorte, avait une somme de caresses et une somme de coups et d'injures à dépenser chaque jour. Si elle n'avait pas eue Cosette, il est certain que ses filles, tout idolâtré qu'elles étaient, auraient tout reçus. [...] Cette jeune fille, si joli et si frais à son arrivée dans cette maison, était maintenant maigre et blême. [...] L'injustice l'avait fait hargneuse et la misère l'avait rendu laide. Il ne lui restait plus que ses beaux yeux qui faisaient peine, parce que, grand comme ils étaient, il semblait qu'on y vît une plus grande quantité de tristesse.

Adapté de Victor Hugo, *Les misérables,* 1862.

㉔ Dans les phrases suivantes, écrivez correctement les mots mis entre parenthèses.

a) Je suis (enfermer) _____ dans cette cabine qui ne mesure pas deux (mètre carré) _____ avec un fou. [...] Mais, me dis-je, quelle imprudence de l'avoir (laisser entrer) _____ ! (Note : le narrateur est un homme.)

Mémento grammatical

b) Il était plus grand que moi et carré d'(épaule) _____ .

c) Or il arriva que la vieille, (priver) _____ d'(enfant) _____ et de (mari) _____ , se sentit à l'étroit.

d) Le propriétaire et les locataires se sont (quereller) _____ longtemps devant les (tribunal) _____ au sujet des conditions particulières des (bail) _____ .

e) Les conditions climatiques en hiver exigent l'utilisation intensive des (brise-glace) _____ et des (chasse-neige) _____ .

f) Les injections (sous-cutané) _____ et (intraveineux) _____ servent à combattre les effets néfastes des rayons (ultraviolet) _____ .

g) L'accumulation (progressif) _____ des nuages à l'horizon et l'apparition des éclairs sont les signes (avant-coureur) _____ d'un orage.

h) Il voulait suspendre ses (poing) _____ (fragile) _____ à ses (genou) _____ .

i) Elle l'appela mais sans plus de succès. Alors elle examina les (lieu) _____ .

j) À ce compte, l'instruction facilite les (adieu) _____ .

k) Ils se sont (échanger) _____ des souhaits (amical) _____ .

l) Dans cette lutte, les coups (brutal) _____ sont interdits.

m) Il n'y a pas de (sot) _____ (métier) _____ , il n'y a que de (sot) _____ gens.

n) En été, cette ménagère étend les (bleu) _____ et les (sarrau) _____ sur la corde à linge.

o) Il a assisté à tous les (récital) _____ de ce musicien.

25 Encadrez les verbes conjugués avec *ne... pas*. Changez ensuite leur temps.

a) Ils le lancent dans la charrette et se remettent en route.

_____
_____

b) Un vilain prit deux perdrix au bas de sa haie, et mit tous ses soins à les faire préparer.

_____
_____

c) Florentine discerna bientôt sa mère au bord d'une chaise. Elle s'approcha en tremblant. Rose-Anna la vit, fit un sourire distrait, puis se leva pour fermer derrière elles la porte de la cuisine.

_____
_____
_____
_____

26 Dans les passages suivants :

a) Encadrez les verbes avec *ne... pas*, puis récrivez les phrases au présent de l'indicatif.

1. Elle resta là quelques instants dans une attitude d'abandon pathétique ; puis son chagrin tout à coup se fit plus poignant et l'étourdit ; machinalement, elle ouvrit la porte et sortit sur les marches du perron de bois.

_____

_____

_____

_____

_____

_____

2. Dès que Maria fut hors de l'abri des murs, le froid descendit sur elle comme un couperet, et la lisière lointaine du bois se rapprocha soudain.

_____

_____

_____

_____

b) Relevez deux verbes conjugués à la forme pronominale. Mettez-les au passé composé.

_____

_____

27 Conjuguez les verbes en italique au présent et au passé composé de l'indicatif.

a) La terre *recevoir* _____ sa lumière du soleil.

b) Il *apercevoir* _____ de loin ses parents.

c) Nous *recommencer* _____ à travailler.

d) Nous nous *efforcer* _____ de réussir.

e) Vous *longer* _____ la côte.

f) Vous vous *échanger* _____ des lettres d'amitié.

g) C'est un oiseau, nous *distinguer* _____ son bec.

h) Cette athlète *s'éponger* _____ avec une large serviette.

i) Nous *se baigner* _____ dans le lac.

j) Ses yeux *larmoyer* _____ à cause du soleil.

k) Les jeunes de la rue *ennuyer* _____ le chat.

l) Les papillons *égayer* _____ le jardin.

m) Les exercices oraux *réduire* _____ les erreurs de ceux qui *bégayer* _____ .

n) Nous *se frayer* _____ un chemin dans cette forêt.

o) Il *ennuyer* _____ ses voisins avec sa musique.

p) Ce bruit *marteler* _____ ma tête.

Mémento grammatical

q) Sa poitrine *haleter* _____ de fatigue.

r) Elle *renouveler* _____ ses produits.

s) Les lumières *étinceler* _____ à Noël.

t) Furieux, il *déchiqueter* _____ son contrat.

u) Indiscret, tu *fureter* _____ dans tous les tiroirs.

v) Tu *jeter* _____ les produits périmés.

w) Ils *appeler* _____ à l'aide leurs amis.

x) Elle *frisoter* _____ la rose en papier de son cadeau.

28 Conjuguez les verbes mis entre parenthèses aux temps indiqués.

a) Tu (semer, futur simple de l'indicatif) _____ cent-trente minots. [...] Tout ce grain-là, du beau grain de semence, tu l'(acheter, futur simple de l'indicatif) _____ à Roberval et tu (payer, futur simple de l'indicatif) _____ comptant.

b) Le vent tiède qui (annoncer, imparfait de l'indicatif) _____ le printemps (venir, passé simple) _____ battre à la fenêtre, apportant quelques bruits confus.

c) Les nuages épars (se fondre, plus-que-parfait de l'indicatif) _____ en une immense nappe grise qui ne (faire, imparfait de l'indicatif) _____ que tamiser la lumière ; entre ces deux étendues claires, la lisière noire de la forêt (s'allonger, imparfait de l'indicatif) _____ comme le front d'une armée.

d) François Paradis (mourir, futur simple de l'indicatif) _____ tragiquement égaré dans une tempête de neige.

e) Elle (se reculer, passé simple) _____ avec un gémissement, (refermer, passé simple) _____ la porte et (s'assoir, passé simple) _____ près du poêle, frissonnante.

29 Conjuguez les verbes en italique au présent de l'indicatif.

a) Un bruit étrange l'*interrompre* _____ .

b) Tu *repeindre* _____ le local de réunion.

c) Ce gros sel ne *se dissoudre* _____ pas facilement dans l'eau.

d) Il *joindre* _____ un chèque dans sa lettre.

e) Tu *entreprendre* _____ cette course. Dès le début, tu *pressentir* _____ beaucoup de difficultés.

f) Elle *se mordre* _____ les lèvres.

g) Les deux enfants *joindre* _____ les mains.

h) Ce voleur *maintenir* _____ sa version des faits.

i) L'arbre qui *croitre* _____ dans le jardin *atteindre* (futur simple) _____ rapidement la hauteur de la maison.

j) Ton amie et toi *faire* _____ des projets ensemble.

k) Nathalie et moi *désirer* _____ passer les vacances d'été à la plage.

l) Il *résoudre* _____ toujours ce que les impôts lui *créer* _____ comme problèmes.

m) Cet enfant *craindre* _____ le chien des voisins, car il *mordre* _____ .

30 **Choisissez le mot qui convient.**

a) C'est ainsi (quand, quant, qu'en) Amérique, on consomme l'air «conditionné», la viande et les poissons congelés.

b) (Quand, Quant, Qu'en) à l'idée de traverser cette région, elle me charmait et m'effrayait à la fois.

c) Il est (près, prêt) à tout pour devenir célèbre et pourtant il n'est pas (près, prêt) de le devenir.

d) Il y a (près, prêt) de vingt ans que cela est arrivé.

e) Cet ouvrage est bien (près, prêt) de la perfection.

f) Nous descendons très lentement, bien plus lentement (qu'à, qu'a) pas d'homme.

g) Et de cette décision, (quand, quant, qu'en) concluez-vous ?

h) Vers midi, le prisonnier (sans, s'en) fut déjeuner dans un restaurant voisin de la prison. (Se, Ce) fut alors que je le vis.

i) Son imperméable de coupe militaire, (ses, ces, c'est) gros souliers me donnèrent le soupçon qu'il était (peut être, peut-être) de la police.

j) Et les toits, (tous, tout, touts) reluisants de pluie, miroitaient inégalement selon la hauteur des quartiers.

k) Vers la gare et le théâtre, on distinguait un vaste espace libre (ou, où), (çà, ça, sa) et (la, l'a, là), de grands squelettes noirs de pierre et de fer s'érigeaient, sinistres, avec (leur, leurs) fenêtres ouvertes sur le vide.

l) De rares spectateurs (leurs, leur) crient des encouragements.

m) Je reviendrai (toute, tout) à l'heure si tu (n'y, ni) vois pas de problème.

n) Les herbes avaient fait irruption dans les allées, qu'(ont, on) avait peine à reconnaitre, (tend, tant, temps) il y avait longtemps que le râteau ne (s'y, si) était promené.

o) Un (où, ou) deux poissons rouges flottaient (plus tôt, plutôt) qu'ils ne nageaient dans un bassin couvert de lentilles d'eau.

p) Il ne serait (peut être, peut-être) pas inutile [...] d'apprendre à mes belles lectrices qu'(a, à) cette époque j'étais en vérité un assez joli garçon.

q) Les pulsations du balancier, (qu'en, qu'ont, qu'on) entendait parfaitement, ressemblaient à (si, s'y) méprendre au cœur d'une personne émue.

r) On dit qu'il ne faut pas revenir sur ses premières amours (n'y, ni) aller voir la rose qu'(ont, on) a admirée la veille.

s) François Paradis (sans, s'en) est allé à travers les troncs (tout, tous) serrés, les membres raides de froid pareils à des planches de bois.

31 Choisissez la forme correcte des homophones figurant entre parenthèses.

a) (Quoiqu', Quoi qu') il arrive, la flamme de la résistance ne doit pas s'éteindre et ne s'éteindra jamais.

b) (Quoique, Quoi que) vous disiez, je m'en tiendrai à ma première idée.

c) (Quoi que, Quoique) conscient des risques, cet aventurier manifeste peu d'inquiétude.

d) «Mais, me dis-je, (quelle, qu'elle, quel) imprudence de l'avoir laissé entrer!»

e) Il lut dans le journal (quelque, quelques, quel que) sanglant fait divers qui le surprit.

f) Il lui fit (quelque, quelques, quelles que) excuses banales.

g) Je vais m'assoir à (quelque, quelques, quel que) cent mètres sur un des bancs et je regarde le Grand Canyon.

h) Laissez votre voisin exposer ses idées (quelques, quels que, quelles que) soient vos opinions.

i) La maison, je sais (quel, qu'elle, quelle) est habitable telle (quel, qu'elle, quelle).

32 Choisissez, parmi les homophones entre parenthèses, celui qui convient.

«Laurent acheta une toile et des couleurs, il (ce, se) mit (à, a) l'œuvre. N'ayant pas assez d'argent pour payer des modèles, il résolut de peindre au gré de sa fantaisie, (sans, s'en) (ce, se) soucier de la nature. Il entreprit une tête d'homme. D'ailleurs, il ne (ce, se) cloîtra plus autant; il employa (ces, ses) après-midi (a, à) flâner ici et (l'a, la, là), (d'en, dans) la banlieue. (Se, Ce) fut en rentrant d'une longue promenade qu'il rencontra, devant l'Institut, son ancien ami de collège. Jamais l'ami de Laurent n'avait vu des ébauches (si, s'y) pleines de hautes promesses. (Quand, Quant, Qu'en) il eut bien examiné les toiles, il (ce, se) tourna vers l'auteur: — (Là, L'a, La), franchement, lui dit-il, je ne t'aurais pas cru capable de peindre ainsi. (Où, Ou) diable as-tu appris (a, à) avoir du talent? (Ça, Sa) ne s'apprend pas d'ordinaire.»

Émile Zola, *Thérèse Raquin*, 1867.

Exercices de style

4
PARTIE

::: LES PRÉFIXES

1 a) Beaucoup de mots en français se sont formés par dérivation, c'est-à-dire à partir de la base du mot auquel on a ajouté un préfixe. Plusieurs préfixes indiquent la séparation, la privation et la négation comme dans *désarmer, disqualifier, écailler, inapte, malchance, mécontenter*. À partir des préfixes suivants, donnez trois exemples.

- préfixe **dé-** : _____
- préfixes **dés-**, **dis-** : _____
- préfixes **é-**, **ef-**, **es-** : _____
- préfixes **in-**, **im-**, **ir-** : _____

b) Donnez des mots contraires avec les préfixes *mal-*, *mé-*, *més-*.

_____

2 a) Qu'indiquent les préfixes *re-* et *ré-* dans *rebâtir* ou *récapituler*? Citez d'autres mots construits avec le même préfixe.

_____

_____

b) À partir des mots tels que *préavis, préconçu, prédestiné*, donnez les sens du préfixe *pré-*. Refaites l'exercice avec le préfixe *post-* et les mots *postdater* et *postnatal*.

_____

c) L'idée d'accompagnement est représentée par les préfixes *co-, com-, con-, col-, cor-*. Donnez au moins deux mots pour chaque préfixe.

- *co-* : _____
- *com-* : _____
- *con-* : _____
- *col-* : _____
- *cor-* : _____

3 Formez le contraire des mots suivants en indiquant le préfixe utilisé.

- actuel : _____
- aimanter : _____
- buvable : _____
- équilibre : _____
- hériter : _____
- honorer : _____
- interrompu : _____

- licite : _____
- légitime : _____
- logique : _____
- matériel : _____
- nommable : _____
- offensif : _____
- palpable : _____

LES SUFFIXES

4 Dans les exercices qui suivent, les suffixes rentrent dans la dérivation du mot.
a) Relevez les différents suffixes des mots suivants et indiquez-en le sens.

• garçonnet	• jambonneau	• moucheron	• prunelle
• chaton	• jardinet	• oisillon	• coussinet
• camionnette	• lionceau	• ourson	• ruelle
• livret	• maigrelet	• planchette	

_____

_____

b) Indiquez le sens des suffixes *-ade*, *-age* comme dans *accolade* et *plumage*, et donnez un
exemple de chaque suffixe.

_____

_____

5 Certains suffixes servent à former différentes classes de mots. Indiquez quels sont ces suffixes
dans les exemples suivants et donnez leur sens.
a) Pour des noms comme :

- *dessinateur, correcteur, cuisinier*

_____

_____

- *opération, épuisement, sagesse*

_____

_____

b) Pour des verbes comme :

- *rêvasser, criailler, sautiller, mâchonner, tapoter*

_____

_____

- *blanchir*

_____

_____

c) Et pour des adjectifs comme :

* **habitable, prévisible**

_____

_____

* **émotionnel, inventif**

_____

_____

⚏ LES PARONYMES

6 Choisissez le mot approprié à partir de la liste suivante en faisant les accords nécessaires.

* affliger / infliger
* collision / collusion
* décerner / discerner
* effraction / infraction
* enduire / induire
* empreint / emprunt
* proscrire / prescrire
* recouvrer / recouvrir

a) Ce bel ouvrage est _____ de sentiments vrais du peuple dont il parle.

b) Elle a contracté un nouvel _____ sur sa propriété.

c) Les murs sont _____ d'un vieux crépi rose.

d) Ces bons gâteaux _____ à la gourmandise.

e) Le premier sentiment que va _____ le prisonnier était la joie de la liberté.

f) À Noël, la neige va _____ tout le sol d'un tapis blanc, immaculé.

g) Depuis quelque temps, on a _____ cette coutume jugée primitive.

h) Le médecin a _____ un remède très efficace.

i) La _____ entre les deux trains n'était pas du tout prévisible.

j) La _____ avec le parti adverse fera du tort à ce groupe de révolutionnaires.

k) Les pires maux _____ ce peuple qui souffre.

l) L'oubli est la pire punition qu'on _____ à ce politicien.

m) Un prix de consolation a été _____ à ce candidat.

n) Ce patient demeure dans cet état confus avant de _____ la réalité.

o) Ce voleur est entré par _____ dans ce dépanneur.

p) Une _____ aux coutumes n'est pas tolérée dans cette communauté.

7 Certains mots sont vagues. À l'aide du dictionnaire, remplacez les mots soulignés par des mots plus précis et faites les accords nécessaires.

a) Ce détective sait <u>voir</u> _____ les moindres indices.

b) Le concurrent a <u>fait</u> _____ d'inutiles efforts.

c) De quelle façon <u>voyez</u> _____ -vous la situation ?

d) La police lui a appris une <u>chose</u> _____ bien pénible.

e) Cet élève <u>fait</u> _____ un grand effort.

f) Nos artistes sont capables de <u>voir</u> _____ la beauté du paysage.

g) Cet avocat débite des <u>choses</u> _____ fort contestables.

h) En été, le journal <u>fait</u> _____ une place spéciale à l'horticulture.

i) Une seule <u>chose</u> _____ arrête ce sportif.

j) Ces chasseurs se vantent de <u>choses</u> _____ invraisemblables.

8 Remplacez l'expression «très grand» par un adjectif plus précis.

a) une très grande colère _____

b) un très grand regret _____

c) un très grand succès _____

d) une très grande souffrance _____

e) une très grande haine _____

f) une très grande fortune _____

g) une très grande chaleur _____

h) une très grande chambre _____

9 Remplacez les expressions ou les mots fautifs soulignés par l'expression ou le mot qui convient.

a) L'<u>étincelance</u> de cette broche éblouit la cliente.

b) Elle nous <u>a envoyé un message</u> <u>comme quoi</u> elle ne pourrait pas venir nous rendre visite.

c) <u>Tant qu'à moi</u>, je pense qu'il n'a pas du tout le droit de nous importuner.

d) Il a reçu comme cadeau un parapluie <u>pareil comme toi</u>.

10 Dans les phrases suivantes, remplacez l'expression ou le verbe souligné par un verbe plus précis et faites les accords nécessaires.

a) Une âcre odeur de charbon <u>se trouve dans</u> la rue.

_____

b) Entre Saint-Henri et Westmount, <u>il y a</u> des clochers.

_____

c) Jean aimait à regarder les belles demeures de pierre grise et rose qui <u>se trouvaient</u> nettement là-haut.

_____

d) Dans le ciel morne, <u>il y a</u> des fumées lourdes.

_____

e) Dans ses yeux, <u>il y a</u> déjà la fureur.

_____

f) Une statue <u>se trouve sur</u> la colonne.

_____

g) Au dernier coude, <u>il y a</u> une tour ronde.

_____

h) Nous nous arrêtons au bord des rochers plats qui <u>se trouvent au-dessus de</u> la rivière.

_____

i) Au-dessus du feuillage, <u>il y a</u> le toit rouge de la maisonnette.

_____

j) Au pied de la colline <u>se trouve</u> une source.

_____

k) Sur cette période de sa vie, <u>il y a</u> le plus profond mystère.

_____

l) Quatre grandes fenêtres <u>se trouvent dans</u> cet appartement.

_____

11 **Remplacez le verbe «avoir» par un verbe plus précis.**

a) Tu devrais avoir une certaine indépendance.

_____

b) Cet arbuste a des fleurs magnifiques.

_____

c) Cet intrigant n'a aucun scrupule.

_____

d) Il a eu hier une journée inoubliable.

_____

e) Tous ces édifices ont des traits communs.

_____

f) Voilà dix ans que ce chef d'État a le pouvoir.

_____

12 **Remplacez les expressions soulignées par un verbe plus précis.**

a) L'enthousiasme et la joie <u>sont</u> dans tous les yeux.

_____

b) La famine <u>est</u> dans ce pays surpeuplé.

_____

c) Un profond regret <u>est</u> sur ce visage.

_____

d) Une odeur de tabac <u>est</u> dans l'air.

_____

e) La discussion de ce problème <u>est</u> au premier point de l'ordre du jour.

_____

f) Un sourire d'ironie <u>est</u> sur ses lèvres.

_____

g) La fantaisie <u>est</u> dans son écriture.

_____

h) Une épidémie <u>est dans</u> ce pays en guerre.

_____

i) Ses parents <u>sont contre</u> ce choix de carrière.

_____

j) Une grande foule <u>est dans</u> cette salle de spectacle.

_____

k) Cet étudiant <u>est heureux</u> de ses résultats.

_____

l) Ce fleuve <u>est entre</u> ces deux régions.

_____

m) Les badauds <u>sont tout autour des</u> artistes.

_____

⠿ LES ANGLICISMES

⓭ Soulignez les anglicismes, puis remplacez-les par l'expression ou le mot approprié.

a) L'athlète qui participe aux Jeux olympiques doit être à son meilleur.

b) Les argents investis dans ce projet rapporteront vite des intérêts.

c) Cet homme est en affaires depuis que l'entreprise a fermé ses portes.

d) L'institutrice demande à l'élève d'aiguiser son crayon à mine.

e) Cet étudiant a deux alternatives à la fin de ses études.

f) Le centre d'achats reste ouvert très tard, le soir.

g) Grâce à cette vedette, la salle est remplie à pleine capacité.

h) J'ai demandé aux élèves d'éviter de canceller leur rendez-vous à la dernière minute.

i) Cet élève est très compétent dans les branches scientifiques.

j) La banque a ouvert une branche près de la maison.

k) Les élèves supportent le candidat qui les représente.

l) Ce salon de seconde main est vendu en solde.

m) L'enseignant n'arrive pas à solutionner tous les problèmes de sa classe.

n) La cédule de la disponibilité du professeur ne correspond pas à mes heures libres.

o) Cette avocate a définitivement raison dans cette affaire.

p) Cet homme d'affaires rencontre des difficultés à rentabiliser son entreprise.

q) Ces entreprises qui ferment donnent à leurs employés une prime de séparation insignifiante.

r) Le technicien opère ce genre de machine depuis très longtemps.

s) Il faut bien identifier les erreurs dans le texte.

t) Dans ce magasin, tous les articles sont en spécial.

u) Au rez-de-chaussée de cet immeuble, tous les espaces sont à louer.

v) L'allocution de ce politicien met l'emphase sur l'aide offerte aux familles défavorisées.

w) Ce commerçant opère un magasin d'habits depuis quelque temps.

x) Cette étudiante sauve du temps en prenant des notes de cours impeccables.

y) L'hôpital a dû payer le temps supplémentaire que les infirmières ont exigé de la direction.

::: LES LOURDEURS D'EXPRESSION

14 **Remplacez les expressions soulignées par un participe passé employé comme adjectif.**

a) La cruauté qui parait sur son visage paralyse les enfants.

_____

b) Cette table qui est au milieu de la salle est bien garnie.

_____

c) La rue qui est dans le brouillard est déserte.

_____

d) La personne qui a trop de travail frise la dépression.

_____

e) Les derniers accidents qui ont eu lieu dans les mines inquiètent les autorités locales.

_____

15 **Remplacez les expressions soulignées par un adjectif, un nom ou un verbe à l'infinitif.**

a) Nous voyons les athlètes qui s'écroulent un à un à la ligne d'arrivée.

_____

b) Cet homme d'affaires, qui a lancé l'entreprise, connait le succès.

_____

c) La directrice explique à ses employés ce qui a donné lieu à ces dissensions.

_____

d) Ces accidents qui pourraient se produire nous inquiètent.

_____

e) Ces opinions qui ne s'accordent pas provoquent parfois des discussions houleuses.

_____

Exercices de style

∷ LES RÉPÉTITIONS

16 Corrigez les phrases suivantes en supprimant les pléonasmes.

a) Ayant vidé son verre, il redemande de nouveau du vin.

b) Une grande perfection immense le poussait à travailler.

c) Il faut prévoir à l'avance les réactions de ce patient.

d) Ces étudiants s'entraidaient mutuellement les uns les autres.

e) Il faut se dépêcher vite de sortir avant qu'il ne pleuve.

f) Le char allégorique précédait devant la troupe de danseurs.

17 Dans les énoncés suivants, liez la première phrase syntaxique à la seconde avec un pronom relatif pour supprimer la répétition.

a) La nuit était claire et fraiche et j'allais à pied le long de Lexington Avenue; Lexington Avenue se trouvait absolument déserte.

_____

b) Je suis enfermé avec un fou dans cette cabine; cette cabine ne mesure pas deux mètres carrés.

_____

c) Peu à peu, je sentis grandir en moi une irritation contre cet inconnu; je ne voyais pas cet inconnu.

_____

d) En attendant, j'allais toujours d'un pas lent; j'estimais ce pas raisonnable.

_____

e) Il m'est arrivé une aventure; je ne sais trop que penser de cette aventure.

_____

f) J'atteignis l'ascenseur; je pris place avec l'inconnu dans cet ascenseur.

_____

g) Je me trouvai devant cette bienheureuse porte; je dus me retenir de faire un bond vers cette porte.

_____

h) Un car est prévu pour cet après-midi; ce car suivra la route en corniche au-dessus des gorges.

_____

i) Nous nous arrêtons au bord des rochers plats; ces rochers surplombent à pic la rivière.

_____

j) L'opérateur braque la caméra dans la chambre noire; cette caméra a un trépied mobile.

_____